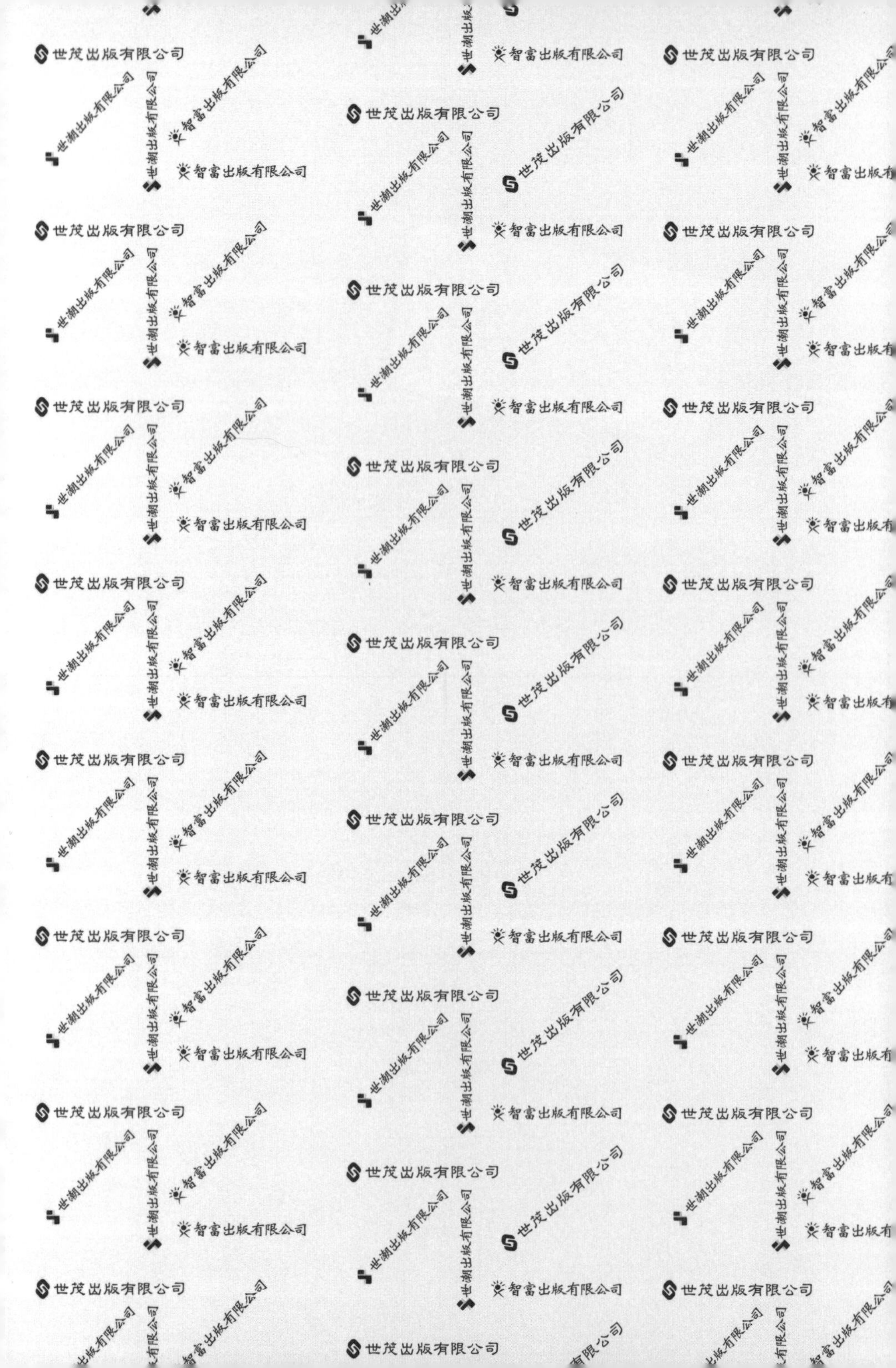
世茂出版有限公司
世潮出版有限公司
智富出版有限公司

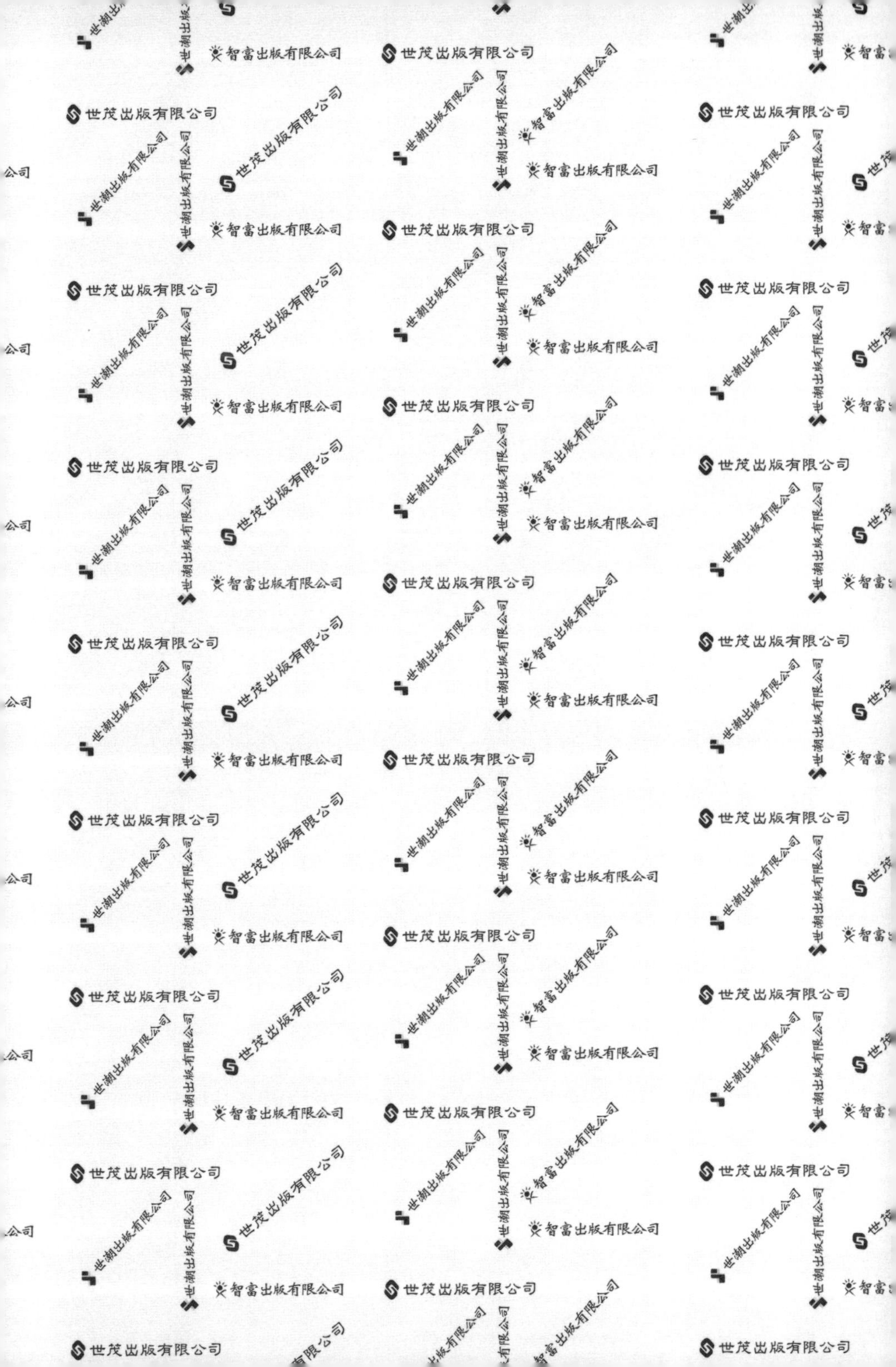
世茂出版有限公司
世潮出版有限公司
智富出版有限公司

跟著曾帶領兩千名業務的阿鳳老師，練成一身識人、增人、帶人好本領，只要找對人，千萬業績就會跟著來。

好業務，是獵出來的

從人脈變錢脈的50個心法

莊秀鳳 著

目錄

第二章　動力，是增員成功的最重要關鍵　53

第六章　做一個讓增員對象喜歡的人

第七章 增員成功後，這樣做！

尾聲

自序《增員，這是一定要的啦！》

常常有業務人員問我：「到底是銷售重要？還是增員重要？」

其實兩者都重要，只是貢獻各不同。

我常用「飛毯、蘋果、望遠鏡」這個故事來做比喻！

從前有三個兄弟，他們的名字分別是「飛毯」、「蘋果」、「望遠鏡」，老大擁有望遠鏡、老二擁有飛毯、老三擁有蘋果。

有一天，老大拿著望遠鏡一看，發現鄰國的國王正召告天下：誰能醫好公主的病，就把公主和江山送給他！

他將這個消息告訴老二和老三，興奮地說：「兄弟們，幸運的事來臨了，鄰國的國王說，誰能醫好公主的病，就把公主嫁給他！」

「太好了，我們趕快去！」蘋果說。

「可是，要怎麼去呢？」望遠鏡疑惑著。

「沒問題，我有飛毯，我可以載大家去！」飛毯老二拍拍胸脯。

「但是，我們去了皇宮，要怎麼幫公主治病？」望遠鏡又問。

「你們別忘了，我有蘋果呢！」蘋果老三說。

於是，三兄弟坐著飛毯，咻！一下子就飛到鄰國。

他們走入皇宮，來到國王跟前，國王聽說有人可以醫治公主的病，又驚又喜，趕緊帶三兄弟到公主房間，於是，老三將蘋果從袋子中拿出來，送給病懨懨的公主，公主吃了蘋果，病馬上好了！

公主的病好了，另一個頭痛的問題又來了：國王只有一個女兒，到底要把公主嫁給誰呢？

「當然是嫁給我，沒有我的望遠鏡，怎麼會看到國王的告示！」老大說。

「不對不對，別忘了，你們是坐我的飛毯來的！」老二說。

「你們說的都沒錯，但是如果沒有我的蘋果，公主的病也不會好！」老三也不甘示弱。

「各位大臣，你們認為如何？」國王說。

這下子，可把大臣們考倒了，有的人站在望遠鏡這邊，有的認為該把公主嫁給飛毯，也有人投蘋果一票，三個人的票數剛剛好。

最後，國王決定將公主嫁給蘋果，為什麼呢？

「因為老大的望遠鏡還在，老二的飛毯也還在，但是老三唯一的蘋果卻奉獻出來了，所以老三應當得到公主。」國王說。

銷售和增員就如同飛毯、蘋果、望遠鏡一樣重要，但是銷售的利益是馬上可得，就像飛毯和望遠鏡一樣，增員者卻必須犧牲業務人員最重要的時間，增員之後，還要花更多心血輔導，就像故事中的老三，犧牲了他唯一的蘋果一樣，辛苦可想而知。

不過，在犧牲自己的時間和心力之後，不但幫公司培養人才，也壯大了自己的成就，成果是可期的。

有了組織，就如同集眾流而成大河般，上上下下一條心——「利人利己」，就是組織最大的好處。

所以，你說銷售和增員孰重要？

只要看國王把公主嫁給誰，不就知道了！

阿鳳老師增員教室——什麼是「增員」？

「增員」，就是吸收業務人才，也是擴大業務組織的意思。不論是哪一種業務領域，有人，才有業績。「增員」運用得宜，能讓你的業務經營事半功倍，人脈滾出錢脈來喔！

第一章

最重要!!掌握兩大來源，成功增員效率高

增員的對象來源很廣，從緣故、請人推薦，到校園徵才、網路人力銀行找人……等，都有人使用，但如果沒有找對「有效名單」，增員就會事倍功半。

最有效的增員名單，來自於「ＣＩ——影響力中心」和「ＰＯ——直接接觸」。在本章中，我將告訴大家如何從ＣＩ和ＰＯ中成功增員。

找對影響力中心，力量大

在所有的增員方式中，登報增員因不知道對方背景，只能且看且走；校園徵才多半沒有社會經驗，也較少人際關係，培育起來需要更多時間；透過網路人力銀行增員，找到的多半是「騎驢找馬」型，心不定、定著率不高，適合的業務人才可遇不可求。相較之下，透過ＣＩ（影響力中心）推薦，讓有影響力的人介紹、牽線，增員成功的機率就會比較高！

通常，在一個地方，最有影響力的人，就是影響力中心。比如里長、辦公室主任，或是會計師、老師、醫生、護士……等。

由影響力中心幫業務員推薦時，因為人們對於影響力中心有著一定的信任度及認識，也就比較容易增員成功。

鍾醫生，是一位與保險公司合作的體檢醫生，每天都有業務人員帶著客戶讓鍾醫生體檢，於是我心裡盤算：鍾醫生的影響力很大，如果可以請他幫

忙介紹，不論是增員或銷售，該有多好？

打定主意後，我趁著體檢的空檔，告訴鍾醫生：「我要擴展組織，需要人才，你能不能幫我介紹個性活潑、熱心，或是想要賺錢的人？不然，喜歡跟別人接觸的人也可以。如果有認識的人，請幫我介紹。成功的話，我會包一萬元的介紹感謝費。」

鍾醫生當場並未答應，也說想不出來有誰可以介紹，大約過了兩星期後，有一天，鍾醫生打電話給我。

「Miss莊，妳不是說妳要擴展業務，想要我幫妳介紹人才？」

「對啊！」我很高興地回應鍾醫生。

「請問，如果是醫生，可不可以？」鍾醫生問。

「醫——生——」聽到鍾醫生介紹的人是醫生，我著實嚇了一大跳，當下心中立刻出現這樣的旁白：醫生怎麼可能會來從事保險業務?!

「對了，我要介紹的江醫生，不但是一位婦產科醫生，還是老闆，簡單地說，她開了一家婦產科醫院，自己看診，也請了幾位醫生駐診。」鍾醫生滔滔不絕地介紹增員對象的背景。

聽到對方不但是醫生，還是醫院老闆，我遂將心中的疑問告訴鍾醫生：「醫院的老闆，怎麼會願意從事保險？」

「就是因為他吃飽沒事做，平常都在醫院數鈔票賺錢，所以才有機會。」鍾醫生回答。

掛斷電話後，我心想，不管如何，先認識江醫生也好，就算增員不成功，也可以請他當我的影響力中心，幫我介紹。

當和江醫生見了面，說明來意後，江醫生立刻「哈哈哈」地大笑三聲說：「要我從事保險，我會被人家笑說我死要錢！什麼都錢要賺，我不適合啦！」

「那這樣子好不好，你能不能把我當成是你請的業務員，將你的人脈告訴我，我去幫你談？你只需要打電話給對方就好了，之後增員進來的人，就是你組織的人。」我將話題帶往另一個方向，請江醫生為我介紹適合增員的對象。

「妳是說，我完全不必出面嗎？」江醫生驚訝地問。

我點點頭：「但是我會適時地讓對方知道，你有加入我的公司。」

確認聽到的無誤後，引起了江醫生的興趣，並介紹了另一家婦產科的陳護士給我。

和陳護士見面後，她十分驚訝江醫生真的在保險公司兼職，我也趁機告訴陳護士：「妳也可以跟江醫生一樣，不方便、沒時間出面的話，我可以幫妳談。」

或許是江醫生和陳護士都在醫界，頻率比較接近，同樣的說法，讓我在短短的時間內，透過陳護士的介紹，增員了另一位護士。

從鍾醫生的介紹，我增員了影響力中心——江醫生。除了從江醫生而來的兩位護士外，江醫生也介紹了非醫界的增員對象——周女士。

周女士是一位孕婦，從產檢到生產，都選擇在江醫生的醫院，平日時也找江醫生看診，和江醫生可說十分熟稔。

在聊天中，江醫生得知周女士原本從事業務工作，於是也抓住機會告訴周女士：「我有一個朋友很棒，妳可以去她那邊。」

「生完小孩後我也想要再工作，不過我應該會去原來的單位復職。」周女士回答。

雖然周女士想回到原單位，但江醫生仍然不死心，一直想介紹周女士和我認識。

或許是為了讓江醫生死心，周女士最後撂下一句話：「醫生，如果你也進入你說的這個組織，那麼，我和我先生也就跟進。」

聽到周女士的話，江醫生當場拿出他的名片，而周女士也與我見面，在相談甚歡下，成為我組織中的一員，日後也增員許多以前的同事。

從江醫生這個影響力中心開始，一年半內，大約讓我增進了十幾個人，其中約有八位成為處經理，人多錢也多。

這個增員故事，雖然是發生在我從事業務工作不久，但日後從我個人及組織中的經驗發現，**不論是三十年前或現在，影響力中心的推薦，都遠比陌生拜訪，比網路徵才要來得有效。**

阿鳳老師增員教室——愈不可能，愈可能

請問，你現在從事的是哪一類型的業務工作呢？有沒有你覺得「不可能談成業務或增員的人？」如果有，那就去接觸他吧！

前面的故事中，我找的是與公司配合的體檢醫生。大部分的業務人員都認為，既然對方是與公司長期配合的醫生，一定早就買了產品、一定有人跟他增員，但都不成功。

但我採取的是「愈不可能，愈可能」——談業務不成就增員，增員不成就將對方納入「影響力中心」，換個角度規劃，將會有你想不到的結果喔！

使用「PO」，勝算高

「眾多增員的方式中，猜猜看哪一種的效率最高？」

我演講或上課時，我經常會問台下的學員這個問題，大部分的人都認為，透過CI的推薦介紹（影響力中心的介紹），增員效率最高。

其實，根據我的經驗，**所有的增員管道中，要以PO——「直接接觸」的效率最高**。

「直接接觸」指的是業務人員直接認識的人，像是參加音樂會，坐在你旁邊的人；共同參加社團的團員；甚至是修改你衣服的人。

總之，只要是你直接接觸到的，都是PO對象。

尤其從PO來增員，更有成功的機會。

有趣的是，大部分的業務朋友，在初接觸到一個人時，通常會先以銷售為主，而忘了增員，實在很可惜。

「直接接觸PO」的增員機會，經常就在你意想不到的時候出現。下面這個故事，是我坐飛機時發生的真實例子。

由於工作關係，我經常出國。有一次在機場，看到一堆人圍著一個女孩子，聽她滔滔不絕的講話，引起了我的好奇：為什麼大家都圍著她？

於是，我走到這些人旁邊，一聽，大概推測這是個直銷團隊，講話的女孩子，就是團隊的最上線，也就是俗稱的「大老鷹」，這個團隊從馬來西亞到台灣旅遊，正要返回馬來西亞，剛好跟我搭同一班飛機。

更巧的還在後頭，我上了飛機後，身旁的乘客因為想跟她的朋友坐，於是問我是否願意換座位，這一換，竟讓我坐到了「大老鷹」旁邊。

有了這個大好機會，我當然要開口，於是，我主動問對方：「你們公司主要的產品是什麼？」

「我們是化妝品直銷公司。」對方拿了一張名片給我。

嗯，我的判斷果然沒有錯。

在機上，我繼續著各種話題，得知這位L小姐已經在直銷界十多年，組織有數百人，算是個不小的團隊。

聊著聊著，她告訴我，她們公司的組織比較散漫，雖然全職業務願意在白天談直銷，但團隊中以兼職者居多，因此，L小姐如果要召開會議，大都在晚上，所以也滿累的。

聽L小姐這樣分享，我直覺她應該面臨了瓶頸，這個瓶頸就在於她的時間。於是，我告訴她保險業的優勢（當時我還在C保險公司），尤其在時間的規律性上更加以著墨。

說著說著，L小姐也直點頭，最後告訴我：「如果真的不錯，我可以試試看。」

「那好，這位P先生，是我在麻六甲的保險友人，妳可以跟他說，妳是莊老師介紹的。」我將P先生的姓名、電話抄給L小姐，愉快地結束了這次的對話。

第二年，我受邀到馬來西亞參加一個頒獎典禮，在典禮上，我看到有個有點兒熟又不太熟的面孔……啊！對了，這不就是我在飛機上，幫P先生增員的L小姐嗎？沒想到才一年的時間，她的業績就到達了國際級的榮譽——MDRT（註），組織擴展得非常龐大。

每當我講到這個故事時，聽眾莫不大喊「太令人驚訝了」，但事實就是如此。所以，我總是告訴大家，千萬不要小看了PO開拓法，即使像我這樣隨意接觸，依然增員成功！

註：MDRT（Million Dollar Round Table 百萬圓桌會議）源自於美國，是專為壽險從業人員所舉辦的會議，入會標準極具挑戰性，可說是所有壽險從業人員者，都想達成的最高榮耀。

直接接觸五步驟，好對象不跑掉

在許多場合直接接觸的人，都是第一次見面的陌生人，此時，主動與對方打招呼，打開話匣子，不但會讓對方覺得有親切感，也可以透過這次的談話蒐集資訊，讓他對你留下好印象。

注意!!在談話時，並不是想到什麼就聊什麼，而是要有流程的。接下來，我將PO（直接接觸）個人觀察流程祕訣告訴大家。

◎進行前準備：觀察。

先觀察對方的言行舉止，並從中找出特色。

◎第一步：稱讚。

說明對方讓你覺得印象深刻的部分，並加以稱讚。

◎第二步：對話。

從對話中蒐集你想知道的資訊，比如問對方：「從事這份工作多久了？喜歡這份工作嗎？」

你可以從對方的回答中，清楚地知道對方是否真的喜歡這份工作，如果喜歡，就保持一定的聯絡即可；如果對方的回答不是那麼肯定，就可以從回答中，找出這份工作對ＰＯ對象的特別意義及重要性，再繼續發展話題。

◎第三步：遞名片自我介紹。

遞名片時要對自己及公司充滿信心，讓對方知道你所從事的工作。

◎第四步：說明尋找人才。

告訴對方你正在找尋像他這樣優秀的人才。

◎第五步：約訪見面機會。

可以請對方改天來參加「創業說明會」，告訴對方這很適合你。

有一次，我去看房子，發現房屋仲介很會銷售，於是抓住這一個特色開始進行PO流程。

我（第一步）：剛才看到你在介紹房屋，真的好專業，口才又很好！

PO對象：（因為被稱讚，臉上露出高興的笑容。）

我（第二步）：我發現你很會銷售，你做這份工作多久了呢？

PO對象：大概五年了！

我：哇～這份工作可以做那麼久，好厲害！那你一定很喜歡目前這個工作囉？

PO對象：還好啦！

我：為什麼呢？我覺得很棒啊，你口才那麼好，能夠做五年，你的薪水一定有二十萬了，比一般的公務人員多很多。

PO對象：其實還好啦，這份工作不是那麼穩定，有時候三個月賣不到一戶。而且跟景氣有很大的關係，景氣好就賣很多，遇到金融海嘯的話，收入就很少。

我：既然薪水一直都沒有穩定，你怎麼沒有想到要轉業啊?!（這樣問可了解

這份工作對他是不是有什麼特別意義）

ＰＯ對象：說真的，這份工作的時間很不一定，客戶不管什麼時候看屋，都要隨傳隨到，而且時間不自由，請假也不容易，很難像公務員有充份的家庭生活。

我：那你覺得，家庭生活對你來說很重要嗎？

ＰＯ對象：以前不覺得，現在愈來愈覺得。

我（第三步）：如果這樣子的話，我在某某公司（遞名片，自我介紹），我以前也是跟你一樣，也在一家公司待很久，也是覺得時間不自由，家庭不能兼顧，我才換到現在這家公司。我覺得像你這麼重視家庭的人，應當來我們這個行業，因為時間是自己安排的。

我（第四步）：剛好我們公司現在在找人才，我不知道你適不適合？

我（第五步）：你明天有空嗎？看早上比較方便，還是下午就到我們公司，我們來做一個簡單的性向測驗，你會知道自己適不適合這個行業，我們也會知道你是不是我們要找的人才。你明天幾點

有空？

在跟直接接觸者對話時，除非對方說「喜歡」、「很喜歡」、「我愛死現在這份工作」……可以不必繼續增員，其他的用語像是「還好啦」、「業務的收入不就是這樣」、「不知道」等不確定的語氣時，就請繼續談下去，找出對方不滿意的原因。

比如，有PO的對象會說：「這家公司的晉升管道不是很暢通。」那麼就可以問他：「你覺得升到主管很重要嗎？」然後，再將話題導到與你公司有關的內容上，如：「現在因為ECFA的關係，很多人都想前進大陸，我們也是想要培育往大陸的主管人才……」

經常找人練習PO流程，你就會發現，自己不但頭腦愈來愈靈活，觀察力、語言洞悉力也提升，成功的機會也就跟著大增。想趕快練習PO五流程嗎？馬上就可以開始，從你接下來遇到的第一個人開始吧！

阿鳳老師增員教室——讓人高興的讚美法

在PO流程中，讚美是第一個步驟。每當我提到讚美時，總會有人問：「到底要怎麼讚美，才會讓對方覺得很高興?」

答案是——在讚美的詞句前後，說一些有情節的話，例如：

針對銷售員：「哇！你真的好厲害耶，能夠讓客戶心甘情願地跟你購買商品！」

針對市場賣衣攤：「哇！我發現你這攤的人氣最旺，你怎麼那麼會賣衣服啊?!」

針對店員：「看到你服務這麼熱心，笑容滿面，給客戶感覺好舒服喔！」

針對老師：「您班上的學生都很有禮貌，令人刮目相看，怎麼教的?」

針對汽車銷售員：「您面對刁難客戶的耐性和機智，好令人欽佩！」

針對社團會員：「您在這麼多人面前演講，態度這麼從容，真的很令我欣賞，很有大將之風。」

針對企業負責人：「您能把這麼大的企業經營的有聲有色，還對古董這麼有研究，真是不容易！」

必用增員三字訣：聽、推、激

無論採用什麼樣的增員方式，「聽、推、激」絕對是增員過程中，不可或缺的關鍵。

「聽」，指的是仔細聆聽，聽出增員對象目前有什麼負面能量。

例如對方說：「哎啊，我們公司就是這麼沒人性，上頭想到什麼事情，就立刻要我們趕快進行，也不管員工手上還有原本的事要做……」這類只要任何抱怨公司、工作或職場不好的話語，都是負面能量。

當聽出增員對象有負面能量時，就可以立刻進行「推」。

「推」，指的是順著對方的負面能量順著推問，讓增員對象再多說一些。

以上述的例子來說，可以繼續推問：「你在這家公司這麼久了，公司這樣對待你，你不會覺得很委屈嗎？」

「你都不知道，以前我們的老闆超好的，每次都說，要不是有我們在幕後協助，前頭不會這麼順利。現在換了個老闆，一切都變了，老闆來只會要我們儘量配合前頭……以前的老闆把我們當成神，現在我們變成老闆的僕人……」

推問的次數，可以視增員對象的抱怨情況調整，假如發現對方還想再說下去，也可以再推問：「這樣子，跟原來公司的文化差異那麼大，你在這邊不就非常痛苦嗎？」

當增員對象認同你的說法後，接下來就可以進行「激」的步驟。

「激」，指的是激勵對方，也就是將自己公司好的地方說出來，激起對方想要到你公司的想法。

有一次，我增員一位業務人員A先生，在經過「聽」、「推」後，我得知他雖然對於公司「每天都要交代行蹤」、「佣金比例調降」等有很大不滿，卻因為捨不得續期佣金而猶豫不決。

此時，我開始使用「激」，先講出A先生公司沒有，而自己公司有的優點：「我們公司上班很自由，自己要怎麼經營完全有自主權，如果想到大陸

發展，大陸那兒也有分公司；產品的種類也很多樣化；佣金也高；還有成長課程，像你這樣的人才，來我們公司不到一年，不但可以把之前的績期全部賺回來，還有多呢！」

聽了我的說明，A先生也被激勵了，眼光中彷彿有著「我一定會更好」的雄心壯志，很快就決定和我約時間到公司進一步深談。

目標一致時，增員速度快

請問各位業務朋友們，你喜歡學習嗎？

你是否知道，在學習場合中的PO，當目標一致時，增員速度也會很快呢？

有一次，我在一個課程上遇到T小姐，得知T小姐是一家知名大型企業的業務員，於是，我開始與她對話。

我：「妳的公司那麼有名，工作起來應該很不錯、很快樂！」

T：「哪裡快樂啊，我都快被主管氣死了，我的主管什麼事都不管，沒有企圖心，也完全不學習，我覺得繼續待下去我會完蛋，我想要到一個可以讓我學習和發展的公司。」

我：「妳的主管完全不學習啊？」

T：「對啊，而且更氣人的是，他還說我上這些課有什麼用？」

從聽和推的過程中，我得知T小姐在公司懷才不遇，最主要的原因來自於跟主管處的水火不容，正處於痛苦階段，也有轉業的想法。T小姐的目標是找到一個可以跟她有共同語言、共同成長的主管，會激勵組員上課成長的主管，只是不知道要去哪裡好。

於是，我開始進行「激」，告訴T小姐：「剛好！我很愛上課，也可以幫你做增員創說會，我可以陪你逐一開拓，也可以當你的講師。」

增到好的人才並不是很容易的事，所以，在增員時，也請問自己：「我能為他做什麼？」要創造自己被利用的價值，然後再告訴對方，你可以為他做什麼！

另外有一次，我接到一通來自E小姐的電話，她說自己本身也是同業，但想來我的組織看看「適不適合」。

與E小姐進一步聊過後，我得知她在同業是位績優人員，但她覺得原單位的文化不是很理想，同事之間都會互相中傷，讓E小姐萌生跳槽的想法，希望能夠到一個「很溫暖、很快樂」的組織。

當她來到我的單位時，一進門就發現，大家說話時那種興奮的語氣，跟她原本的單位冰冷的感覺截然不同，也驚訝於大家主動熱心地詢問。

「這裏給我一種很溫暖，有家的感覺，每一位同事都很友善，所以我想要來妳的組織。」

E小姐跳槽之後，不但將她的實力發揮，還更上一層樓，一邊談業務，一邊加緊腳步增員，更試著開拓大的單子，成為前十名的績優人員。以前的公司雖然以很好的條件要找她回去，卻被她回絕了，因為她說：「找到好主管，比賺錢更重要！」

反問法，決心的一問

許多增員者最容易被問到的問題是——你能讓我的生活變好嗎？你能教我嗎？你能幫我嗎？

此時，我會這樣告訴對方：「你的生活會變得比現在好，但是，你能照我的方式嗎？」

這個對話，就是所謂的「反問法」。

反問法適用於增員對象有所希求時，尤其當增員對象提出「你可以讓我更好嗎？」、「你可以幫我嗎？」等實際的需求，**可以先給對方一個確定的答案**（如，我當然可以幫你），**接著反問對方，以幫助對方更確認決心。**

反問的句子有很多，這裏先舉三個例子：

◎當增員對象問「你可以讓我的生活更好嗎」，你可以這樣反問：

你能配合我的時間嗎？
你要給這個行業多少時間呢？
你每天要投資幾個鐘頭在這裏？
你願意花多少時間來上課？
你願意花多少時間打電話？
你願意儘可能地列出一百個名單嗎？

◎當增員對象問「你能教我嗎」，你可以這樣反問：
你能夠全力以赴嗎？
能夠專職來上班嗎？
我們公司有一套完整的培育系統，你能按部就班學習嗎？

◎當增員對象問「你會照顧我嗎」，你可以這樣反問：
你能全神投入嗎？
你的工作習慣願意配合公司嗎？

你願意養成每天拜訪的好習慣嗎？

使用反問法時，增員者的心中要充滿著助人的愛，語氣務必要陽光、有士氣、十分確認，讓增員對象感覺到你真的願意幫助他，他來這裏真的會更好，決心也就更強了。

把增員對象的利益放前頭

不論增員對象問了哪些問題，歸納起來，大都指向「金錢的安全感」。增員對象最想知道的，卻一直沒說出口的，其實是「你會關心我的利益嗎？」

一個新人進來，最重要的是，讓他在短時間內可以賺到錢，對這份工作產生信心、有安全感。因此，從一開始，就要把增員對象的利益放在前頭。

舉例來說，**很多主管會要求業務員銷售公司當月的主力商品，但主管應該要為新人著想，為新人找出幾個「利潤較高」的商品，讓新人銷售。**

再舉一個例子，有時候，新人的業績只差兩千元，就可以達到更高一階的獎金級距，身為主管，就要看到這一個「可能的利益」，不管是提醒新人也好，想辦法協助他達成也好，就是要讓新人可以多得到一點獎金。

此外，「考核」也要特別注意，我曾經聽過一位新人因為差了 0.01 分就被考核掉，實在很遺憾。

記得我在剛進入保險這行的前幾年，健保還未開辦，由於我是剖腹產，小孩也住院，當年保險規定要十五天後出院，第十六天公司才有理賠。但主管並未告訴我理賠的細節，因此，我的小孩從出生到四十七天後出院，完全無法申請理賠。

或許就是自己經歷過這一段，日後當我在經營組織時，會特別留意大家的利益，尤其是新人，更要讓他知道自己的利益，並協助他達成目標，例如：一個月成交五件此商品，就可以月入五萬。

關心新人的利益，除了關心各方面基本收入，以及新人沒有注意到的利益外，有些「小眉角」也不能忽略。

很多主管陪同新人時，假如時間剛好遇到午餐或晚餐，通常會一起吃飯，此時，有些主管會執意「各付各的」，但關心新人利益的主管，則會連這個部分都考慮到。畢竟新人還沒賺到錢，凡是需要花錢的支出，都會很介意。因此，細心的主管在與新人吃飯時，當然就一起買單，等到新人有收入，再讓他請客。

一位懂得為組員看守利益、爭取利益的主管，會讓大家獲利，長期下來，組織裏的成員也會學習為彼此著想，在「大家一起好」的文化下，相信組織將會愈來愈龐大。

持續增員，讓增員和銷售一起變容易

經常有人問我：「為什麼有的人增員很容易，有的人增員卻很困難？」我的答案是：「養成持續增員的習慣，而不是需要增員時才開始增員。」

我曾經在以前的著作中提到：「當銷售不成時，就改成增員」。後來我發現，「先增員再銷售」的方式也很好用。這個方式可以降低人們的防衛心，但前提是，業務人員一定要養成「把每天看到的人，都當成是增員名單」的習慣，如此，不但可以讓增員的基礎量提高，對業績也有一定的幫助。

養成平日持續增員的習慣，指的是遇到人就進行前面所提的PO流程，或者請人轉介紹，自己也要將「增員卡」隨身放在包包中，遇到適合的人要馬上紀錄，每個月至少要有二十五個增員的名單。

在增員時，隨時將「你很棒，來我們公司」、「你不錯啊，你到我們公司一定很適合」等加入對話中，引起增員對象的自信心。即使對方很肯定地說：「我不要做業務，我沒有那個能力」之類的話時，也不要立刻放棄，你可以轉而請對方幫你介紹客戶。

下面這段對話，以保險為例，示範「先增員後銷售」。

PO對象：我對業務完全沒興趣。

業務員：沒興趣沒關係，不然，你可以幫我介紹客戶。

PO對象：我不曉得要怎麼幫你介紹？

業務員：這樣好了，如果有人要買保險，你就幫我介紹，讓對方知道我們的產品。我講一遍給你聽，以後如果遇到有人有需要時，你再趕快告訴我，讓我來銷售。（業務人員開始說明商品）

PO對象：產品聽起來很好耶，不然我買，但是你不要叫我去做業務。

業務員：沒問題，那可以請你幫我介紹一位熱心的朋友嗎？

這就是先增員後銷售的流程，雖然名義上是增員，但是增員不成時，因為對方對你的戒心已經減少，反而可以進行銷售。所以說，養成持續增員習慣真的很重要。

持續並不是說這個月增員，下個月不增，而是每天、每個月都要有目標。

每天拜訪時就做增員動作，增員不成反銷售，銷售以後還要請對方轉介紹一個增員名單。然後，在送保單時要增員名單，送理賠也要增員名單，送滿期金時也要增員名單，無時無刻都要養成增員的習慣，不但能讓增員基礎量大增，就連業務量也會增加！

阿鳳老師增員教室──了解增員對象特色，速度更加快！

整體來說，社會工作族群有七大類，每一類型都有顯著的特色，你需要了解這七大族群的特色，方能對症下藥、一針見血，加快增員成功的速度。

◎劈腿族

「雙腳踏雙船，心頭亂紛紛」是劈腿族心境的寫照。劈腿族雙腳一開踏兩邊，也就是所謂的兼差族。

劈腿族的人總是捨不得放棄其中一個工作，非要兩邊都擁有才感到足夠，腳踏兩條船、眼高手低，就會產生不專業的問題，這樣子兩邊都沒有辦法做得很好。

當我遇到劈腿族時，我的方法是找機會把他的另一條船弄沉，

不讓他有兩條船可踏。

以我自己為例，當初若是貪圖原來的公司——「味全」會計的位子，味全也要做，業務也要做，一定無法像現在這樣TOP，了不起也只是水準以上而已。

達到巔峰的方式唯有全力以赴，我砍斷人人都覺得好的大公司會計這條路，轉戰到業務工作，奮力一衝，果然奪得滿堂彩。

◎跳蚤族

經常換工作，看盡各業，仍然找不到理想的公司，一年換過二十四個老闆，來不及吃尾牙就跑了，像跳蚤般跳來跳去，因此稱之為跳蚤族。

在這裏和大家分享一個故事：

甲、乙兩人，在上海飯館遇到一位從北京來的老先生，甲問老先生：「老先生，我不喜歡上海，人太多、交通太亂，我要到北京，你覺得我在上海還是到北京比較好？」

這位長者並不回答他的問題，而是再度問他：「你認為上海好不好？」

甲說：「我就是認為太髒亂、車子太多，太擁擠了，所以不好。」

「北京也是如此，你不要去。」老先生回答。

接著，老先生問乙：「你認為上海如何?想不想到北京?」

「我覺得上海人多車多，很熱鬧，看到這麼多人，我就覺得我未來的業務遠景很大。」

聽到乙所說的話，老先生告訴他：「那你到北京也是一樣，可以找到很多客戶。」

這個故事的主旨，是講一個人心態之重要，若是你的心態認為做業務不好，到任何公司都無法做好任何工作，所以，千萬不要當跳蚤族。

◎候鳥族

跳蚤族是心不定；劈腿族是 part-time；候鳥族是夏天賣冰淇淋，冬天賣紅豆湯，季節性換來換去，沒有專心一意地做一個工作。

很多業務人員看到下雨天就嫌麻煩不拜訪；冬天說天氣太冷；夏天說外面太熱；晚上說太危險，一年四季找不到一個適合他拜訪的時間，這就是候鳥族。如同遊牧民族般居無定所，人家說期貨好，就去做期貨；人家說靈骨塔好，就去做靈骨塔，整天遊來遊去，遊到別人都賺很多錢了，他還不知何處是歸程。

◎地攤族

逛街時常見地攤族，地攤族的特色是自己擺地攤，身穿名牌服飾，手拿一支大哥大。地攤族通常不喜歡被人家管，也不接受團體生活，喜歡自由自在，就好像人家說的脫韁野馬般。雖然地攤族很自由，但是要跑警察，地攤族的生活也過得膽顫心驚。

◎運將族

有時增員會碰到開計程車或開卡車的運將，他們會說：「我開車無牽掛，我自己最大，自己就是老闆。」此時，你可以告訴他：「你要身體健康才有辦法賺到錢，哪天頭痛、肚子痛、拉肚子，沒辦法開車就賺不到錢。」

運將族雖然是自己當老闆，但生活不一定安全、穩定。

◎創業族

創業族通常會為自己做出生涯規劃、創造機會，讓自己成長更快、認識的人更多、生活領域更大，人際關係可以整個拉開，可以充分發揮自己的潛能。

某些業務類型的工作，也可說是創業的一種，只要你長期投入心力，便將是一個永久累積的事業，你的經驗可以帶著走，走到哪兒都不會吃虧，你的智慧永遠是你的，蓋棺都偷不走。

◎無業族

二十多年來，我的工作讓我結識了各行各業的男女老少，對增員有一個體認——增員並不是只增一個人而已，增員必須增全家！

S小姐嫁給一位遊手好閒的老公，為了全家大小的生活，她只好馬不停蹄地做業務。她的老公吃定她也就算了，每次只要S小姐稍晚回家，她的老公就會破口大罵，說一些很難聽的話。

每當S小姐被罵時，隔天，她總會向我傾訴心事，而我也把她當做自己的妹妹一樣安慰，適時地幫忙她轉換情緒。有一次，S小姐又向我哭訴，我心想：「既然她先生沒做事，何不叫他來公司上班？」經我一提，S小姐也覺得有理，開始回家遊說，不久後，她先生果真來公司上班。

說真的，很多女性同胞無法在職場上一展身手，大都是家人的反對羈絆。「增員增全家」，這句口號的意思不一定是把家裏大小都增進公司，而是讓親人了解業務人員的工作性質，從反對到默認到支持。只要沒有家人阻擋的障礙，業務人員已經先贏了一大步！

第二章

動力，是增員成功的最重要關鍵

小孩唸書需要動力，增員也是如此，只要找到對方的動力，增員一點兒也不難。

以退為進法，讓沒落貴族變浴火鳳凰

很多大學畢業的女生，一結婚就不做事，這就如同「空有好學歷，成績卻等於零」一樣，面對這一類高學歷的女性，我會告訴她們：「妳現在是沒落貴族，出來做事就會成為浴火鳳凰。」

碩士畢業的E小姐就是一個例子。

E小姐有著高人一等的學歷，她嫁給一家頗負盛名的醫院院長後，就不再工作，專心當起老闆娘來。

當我決定增員她的時候，我先生說：「不可能啦！人家是醫生娘，家裏那麼有錢，又是碩士畢業，怎麼會想來做保險？」

「出來做事不見得代表沒有錢，出來做事也是享受人生，工作如果只為了賺錢是很累的。如果在賺錢之外，還追求成長，讓生活紮實，又有成就感，那種感覺不是金錢買得到的！」

就拿我來說吧！賺錢就不是我最大的樂趣，把一個別人認為是扶不起的阿斗，雕塑成一位頂尖的行銷高手，才是讓我覺得最有成就感的事情。

我從E媽媽處得知E小姐過去學的是商科，於是也從這個話題來引發她的動力，見面時我告訴她：「妳能不能來我們公司，幫我們做放款的業務？」

「放款業務？這個我有興趣！我以前做不動產，認識很多代書！」E小姐說。

「明天我們早會講的是投資不動產，妳來參加，可以學一些與業務相關的知識。」

E小姐聽了我的話，一方面覺得來公司有成長的空間，一方面又有和外界接觸的機會，不會步入「知識半衰期」，隔天她果真出現了。

為了增員E媽媽口中這位「很難增」的女兒，我運用了「以退為進法」，一句增員的話都沒對她說。

每次早會時，我總會讓新人一一上台報出自己的目標，就是故意不喊E小姐上台，到了新人報升正式的最後一天，我在台上說：「明天是新人育成的最後一天，新人育成後，會有很多福利……」

以退為進法終於在這一天發生效果。

E小姐聽了報升的消息後，主動跑來問我：「Miss 莊，妳們報正式要做多少業績？」

「要做五個 case 才能報升正式！」

「那我要報正式。」

聽到她的話，我嚇了一跳，急忙問：「只剩一天，時間很趕耶。」

「沒關係啦！妳看，我、我妹妹、我先生、我姊姊、還有我醫院的護士……夠了啦！」

E小姐報升正式之後，又陸續做了很多case，領了很多錢，現在已經當了主管，她真的從沒落貴族變成浴火鳳凰了！

用信任，把顧問變同事

有些人，在增員時和你一拍即合；有些人，增員時會失敗，但此時也請別放棄，不妨先請對方當你的「顧問」，幫你介紹客戶。

時間會改變一個人的觀念，時空的轉換也會使一個人的想法產生化學變化。原本口口聲聲說只做顧問的人，日子一久，說不定也會因為經濟、家庭的變化而成為同事。

我有一位學弟，是某家運動服飾商的批發商，又身兼網球教練。和他接觸後，我發現他的人脈廣、又敢開口，很適合從事業務工作。有一次，我開口問他是否願意來我的公司上班。

「這樣不好吧……我幫妳介紹球友好了！」礙於面子，學弟並不願意從事業務，他以幫我介紹球友的藉口打發我。

不久後，學弟果然幫我介紹客戶，當業務順順利利的簽下後，我馬上把所有的佣金收入拿給學弟。

「這……怎麼那麼多！」學弟嚇了一大跳。

「客戶是你介紹的，收入應當是你的。」

接下來，我馬上展開增員行動，希望學弟能夠來我的公司上班。

「這筆錢給妳啦！我不適合啦！」發現我的增員意圖，學弟又把佣金還給我。

這之後，學弟陸陸續續幫我介紹第二位、第三位客戶，而我也從這些客戶中又開發了新客戶，並且把新客戶的佣金收入也拿給學弟。

「你看，客戶會不斷地介紹新客戶，光這層關係就開拓不完了！」我用業績證明一切。

經過幾番沈思，學弟終於答應來公司上班。

在這個增員例子中，我認為學弟願意進入業務一行的最大原因，除了收入誘人之外，對我的信任也是一大因素。

找顧問最忌諱的就是過河拆橋，我雖然從學弟介紹的客戶中開發新客戶，卻仍然不忘知會學弟一聲，得到他的信賴，他當然也就樂意進來公司，從顧問成為同事。

另一點很重要的是，增員者在增員時絕不能抱持著「他進來是因為他喜歡賺錢」，而要以「增援」的感恩態度告訴對方：「我缺人，希望你能來協助我……」

學弟進公司的頭幾天，不免抱持觀望的心理，當我們幫他談成一個非常大的case之後，他對銷售的商品也有信心，毅然決然地把原本的公司收掉，成為專職的業務人員！

增員的致命吸引力——先讓自己成功

有一次颱風天，我陪著組員W小姐到板橋談業務，凌晨一點冒著大風大雨到了板橋後火車站，按了好幾下門鈴，就是沒有人來開門，我告訴W小姐：「算了啦！人家睡覺了，我們回家吧！」

W小姐不死心地說：「既然來了，就要把他們按到醒為止。」

於是，我們又拚命地按電鈴。

「誰啦？吵死了，這麼晚誰在按電鈴？」W小姐的朋友潘小姐半夜被吵醒，火大地對著對講機開罵。

「是我W小姐啦！」

「妳瘋了是不是？這麼晚了還在跑業務，嚇死人！」

聽到這句話，才來公司一年的W小姐不曉得該如何回答。

「既然來了，就讓我們借一下廁所。」我及時回應潘小姐。

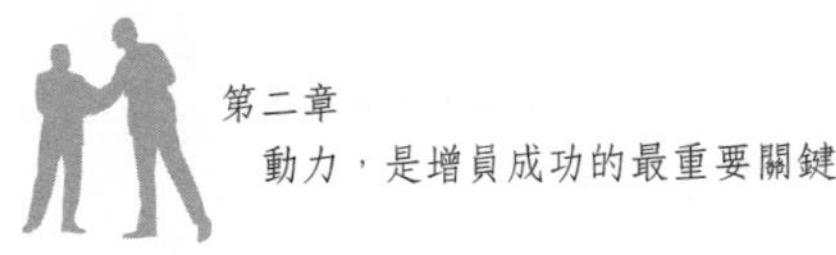

當我們進到潘小姐家中，我開始與她聊天，聊到商品時，她回答：「現在小孩子的費用很高，我目前的經濟狀況沒有辦法買你們的商品。」

「那你來我們公司上班。」業務談不成，Ｗ小姐馬上朝增員方向進行。

「哎唷，你們做業務的，連颱風天這麼晚了還要出來，嚇死人了，我才不會！」、「做業務員要做這麼晚，好恐怖，而且我有小孩子，我不適合！」

「沒關係，我們公司有課程，妳改天來聽看看！」聽到潘小姐的拒絕，我即時幫腔。

當我們離開潘小姐家之後，我告訴Ｗ小姐：「像這樣的清況，就不能增員，因為她看到我們這麼辛苦，她怎麼敢進來？」

增員必須在快樂輕鬆，有如遊戲氣氛中增員，讓對方羨慕妳，這樣子的增員才會成功。

經過一段期間，潘小姐發現Ｗ小姐才來公司兩年，不但年收入四、五百萬，還買了一棟房子，非常的驚訝！

此時，我認為時機成熟了，遂陪同Ｗ小姐再去拜訪潘小姐，並把Ｗ小姐當月的薪水袋拿給她看。

潘小姐看到W小姐的月收入二、三十萬，眼睛發亮、羨慕不已，急忙問我們：「我適合嗎？我的孩子還小，先生不曉得肯不肯？而且我的口才跟人際關係又沒那麼好……」

「沒關係，妳先帶著小孩來聽課，如果妳的業務工作有足夠收入，小孩子就可以請奶媽帶了，這樣子不但能夠改善家庭經濟，又能請專業人士來教妳的小孩。」

經過這一次的增員，潘小姐果然順利地來到公司。這個增員成功的故事告訴我們：**最好的增員，就是自己先具備吸引別人的條件，讓自己成功，別人就會被你吸引，跟著你進來！**

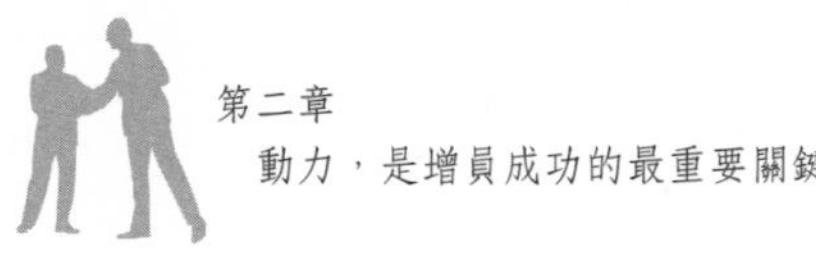

阿鳳老師增員教室——賺錢有三種方式，一個人最累

球場上風光一時的球員，也有年紀漸長、力不從心的時候，此時球員雖然無法在場內衝鋒陷陣，卻可以換個職位成為教練，繼續貢獻他的經驗與能力，培育新一代球員。

組織是業務工作的心臟，有組織的人做大生意，沒組織的人唱獨角戲，想要延續業務命脈，建立組織為不二法則。會做業務的人是英雄；願意增員的人比聖賢，想要擴張組織，就從增員先做起。

三百六十五行，各有不同的賺錢方式，約可歸納成三大類：

靠自己的能力與勞力賺錢——沒有其他人幫忙介紹，是風險最低、速度最慢的方式。

靠別人的能力與勞力賺錢——很多人在幫你賺錢，是風險低、速度快的方式。

靠錢賺錢——即錢滾錢，雖然賺錢速度最快，但是風險也最高。

由此可知，靠別人的能力和勞力來賺錢，是最理想的方式。而業務行業提供了一個既可以當老闆，又不用付薪水的行業。建立組織就是靠別人的能力、勞力來賺錢，有很多人的組織，遠比一個人工作來得事半功倍，為何不為？

一朵玫瑰花成就不了一個花園，一棵大樹成不了一座森林，反過來說，砍掉一棵大樹，森林仍然存在，所以，千萬不要把自己想得太偉大，你需要的是陪你一起成長的其他樹木。

在業務行業中，有一條法則是這樣說的——準客戶拜訪得多，絕對不怕沒客戶。

相同的，人多組織大就好做事。如果只有一個人單打獨鬥，沒有人協助，沒有累積很多準客戶，那麼就會做得很累。

業務是做人的事業，不斷地廣結善緣，不斷地交朋友，不斷地開口談增員，逢人就談，頂多只是對方不來罷了，有什麼損失呢？

使用關係人的媒介增員法

甲小姐和乙小姐皆是我以前公司的同事，甲小姐的口才好、人際關係也好，更有超強的業務個性，是我極力想增員的對象。偏偏她對銷售的觀念不正確，又比較重面子，一直無法成功增她進公司。

乙小姐就不同了，她對銷售的觀念不錯，也認同這份工作，經過幾次接觸後，我幾乎可以百分之百地肯定，乙小姐會來公司上班。

我正苦於該如何增員甲時，突然想起甲和乙的感情不錯，不如就使用「媒介增員法」吧！

第二天，我馬上跑去找甲小姐，告訴她：「我聽說乙最近快辭職了，想換工作，妳幫我跟乙說說看，問她要不要來我們公司上班，妳跟她感情不錯，我相信妳講的話，她一定比較信得過妳。」

於是，我和甲找了一天到乙的家中，由我說明公司產品的意義和制度，甲在一旁敲邊鼓，不久後，乙點頭答應了。

當時公司的制度是「新人實習期的佣金歸引進者」，當乙進來公司後，我就把引進者所賺的錢都拿給甲，甲看了之後不禁直呼：「怎麼隨便講幾句就可以賺幾萬塊？比我賣嬰兒用品還好賺？」

「是啊，妳進來公司只要找人就好了，我幫妳輔導！」看準甲小姐愛面子的心理，我這麼告訴她。

就這樣，甲小姐被我增進公司。

在這招「媒介增員法」中，你認為，到底甲是乙的媒介，還是乙是甲的媒介？或許兩人都有吧！

我常形容甲小姐是「養魚政策」，一條小魚慢慢養、慢慢養，等到養肥了再抓來上菜。增員也是一樣的，增員者要有耐心，對增員對象略施小恩，自己損失一件收入，反而賺到一個優秀人才，得到更多，何樂而不為？

讓自卑產生力量——無信心人增員法

有一種人，明明適合從事業務，但總是說自己不好、不行、沒辦法，言語中也沒有自信心，對於這種人該怎麼做呢？

認識退伍一年的V先生時，他正處於失業狀態，一個人北上租屋的他，沒有家累，最適合衝刺，讓我萌生增員他的念頭。

沒想到，V先生一聽到業務工作，立刻表示：「從事業務要穿得體面，我沒有什麼體面的衣服」、「我沒有那麼厲害啦」，言語中很明顯地可以感受到，他認為衣著光鮮很重要。

由於和V先生算是遠房親戚，過去幾年見面時，我覺得他為人親切、有禮，而且口才也不錯，因此，我一直沒有放棄找他到公司的想法，甚至想到他家拜訪，但總被禮貌性的回絕。左想右想，我百思不解，像V先生這麼有業務個性的人，為什麼屢次拒絕我？

於是我找了一天，到他家附近打電話給他：「我剛好在你家附近拜訪客戶，待會順便過去看你。」不等V先生回應，一分鐘後，我人已經來到了他家門口。

「鳳姊，我家實在沒什麼可以招待妳的，這是我媽媽從南部寄來的花生，妳吃看看！」V先生打開一個塑膠袋，將花生遞給我。

「哎呦，我超喜歡吃花生，只要有花生，我就可以吃兩碗飯。」我說。

聊著聊著，也將近中午，從飯鍋中傳來了陣陣的白米飯香，V先生見我還沒有離開的意思，便很「試探」地問我接下來的行程。

「我喔，我下午兩點才跟客戶有約啦，不急著走。」我打定主意，要跟V先生多聊一會兒。

「那這樣……」V先生臉色有些尷尬地說：「不然就在我家吃午餐好了，可是，我沒有準備別的菜，只有花生……」

「你是男生嘛，男生本來就不會煮菜，而且我從小就喜歡吃花生，也常常這樣子吃……」不等V先生說完，我立刻接話。

結果，這一餐真的只有花生和白飯，我也一口氣吞了兩碗白飯配花生，讓他不覺得尷尬。

邊吃邊聊中，V先生的表情漸漸不如先前那麼緊張，我也趁機邀他來公司參加早會，當下，他也答應了我，但後來幾次，總是未出現。

看來，又得殺到他住的地方才行了。

這次，我連電話都沒打，就直接到V先生住處按鈴，待業中的他一看到我，十分不好意思，進一步聊了之後，他才說：「鳳姊，我實在找不到比較正式的服裝。」

原來，這就是他數次「放鴿子」的原因——我心想，其實第一次見面時，V先生就透露了這個訊息，只是當時我以為他患了時下年輕人的「面子病」，壓根沒想到，他的衣服真的那麼少。

「沒關係啦，我帶你去百貨公司。」V先生是我遠親的兒子，初上北部不久，好歹我這個做姊姊的，也要幫他一下。

於是，我立刻帶他到百貨公司專櫃，幫他選了幾套比較正式的衣服，以V先生的身材來說，每一套都很適合，只是不知道為什麼，V先生總是回答「再看看！」

「剛才那幾套，你都不滿意嗎？」真沒想到V先生這麼挑，再這樣下去，我也沒時間陪他逛了。

「我……」V先生欲言又止。

看著V先生有苦難言的表情，突然，一個想法浮現在腦海中：「V先生該不會沒有錢買這些衣服，又不好意思說吧?!」

回想起過去和V先生對話的情形，以及他租屋處簡陋的設備，只有花生配白飯的一餐，我在心中暗暗罵自己怎麼沒早一點想到。

於是，我以到化妝室為由，衝到專櫃買了一套衣服交給V先生，告訴他：「這是我這個做姊姊送你的禮物，明天請穿著這套來參加早會！」

隔天，V先生果然出現在辦公室。接下來，我又藉著各種理由，拿了一些襯衫給V先生。有了這些比較正式的服裝後，V先生果然天天來公司報到，有了信心之後，業績也愈來愈好。

每個人自卑的地方都不一樣，首先要觀察他對什麼自卑，舉凡對自己沒有自信心，或是他認為自己比不上別人的地方，都是線索。找到對方自卑的地方後，重要的就是不要踩到他的自卑地雷。

有些人會告訴增員對象：「你沒錢，就來這裏賺錢」、「你口才不好，來這裏鍛練口才」，這麼直接的說法，對於其他類型的人或許可行，但對於自卑型的人絕對不適合，反而會讓對方更傷心，更不願意踏出來。

對於自卑型的人，增員方法要逆向操作，在稱讚對方時，也要滿足對方想改變的部分，不斷地講願景，化自卑為力量。

比如：「你來從事業務，能夠改變你一生，能夠讓人刮目相看」、「你來這裏，可以發光發亮，能夠讓別人看見你」、「你來這邊可以免費上課成長，有人輔導你，幫忙你成功，你只需要花一點時間」。

另一個方法是——找到自卑型人有的優點，以這個優點來增員。比如：「哇！你這麼會烹飪，如果你來這邊，可以教導很多朋友」。

曾經聽過一種說法：「想改變，只要找到扭轉改變的那一把鑰匙，把門打開，就豁然開朗了。」

不斷地讚美，不斷地講願景，會觸動自卑型人想要改變的因子，正是那一把可以化自卑為力量的鑰匙。

放不下身段型的人，用「理由」增員法

說到業務工作，很多人會覺得那是沒錢的人才從事的工作。事實上，在業務這一行，也有許多富太太、收入頗高的人，只不過，在增員有錢人時，往往會因為對方「愛面子」而增員失敗。**愛面子的人，最不容易放下身段，在增員時必須使用「從業理由法」，給增員對象一個理由。**

比如，告訴對方：「來從事業務不一定是為了錢，而是可以學習到很多新知、接觸到很多新朋友……不然，你先到公司來看看，你敢嗎？」、「可以嗎？」

對方通常會願意思考實際從事業務工作，或間接介紹的可能性。一旦來到公司後，感受到公司的氣氛，增員就更容易了。

但在這之前，經營雙方的感覺是很重要的，說話時要用請教的方式，我們扮演傾聽者，請教對方，等對方講到一段落時，再予以認同，讓增員對象持續地表達自己的想法。

這麼一來，對方會覺得跟你說話很愉快，反過來也會願意聽聽你的想法。

有一次，透過朋友介紹，我拜訪了一位執行長S先生。見面時，他直接了當地說：「我都只買國外的保單，而且我的財產很多，不需要再買保險；說到理財，我也有自己的會計部門幫我理財。」眼看就要被S先生請出門了，我立刻四兩撥千金，話鋒一轉，告訴他：「我是來向你請教成功的方法，從媒體上看到你，你的事業那麼成功，又能跨領域從事另外一項事務，同樣都做得那麼好。如果能夠向你學習成功的方法，那麼，你也可以說是我生命中的貴人，你可以告訴我你是怎麼成功的嗎？」

聽到我的問題，S先生大概也不好意思立刻要我離開，於是，他回應：「我只有十分鐘的時間。」便開始談起自己的成功故事。

在談話的過程中，我的眼睛瞄見S先生身後的書桌上，放了一張年輕美女的照片。

對於這樣一位成功的企業家來說，書桌上放的照片，肯定是十分重要的人，於是，當S先生結束了自身成功經驗談話後，我將話題轉移到照片上：「這位是您的女兒嗎？」

「不是，」S先生看了一眼照片，臉上的表情突然變得溫和許多，他說：「這是我太太年輕時候的照片。」

「夫人這麼美，當年一定很多情敵?!」得到答案後，我拋出一個問題。

「沒錯沒錯……」S先生滔滔不絕地說起當年追求校花太太的過程，這一說就說了一小時。

要增員放不下身段的人，最重要的是先讓對方談到他人生中的高峰經驗。對於S先生來說，他最得意的，除了事業的成就外，追到校花太太的故事，更是人生中最有成就感的事情。

於是，我打鐵趁熱，在他心情最好的時候說：「哇，剛才聽了你的故事，我覺得你做人真的很講情義。很多人欠你人情，你也交了很多朋友，如果你現在願意進來我們公司，可以藉此測試哪些是真正支持你的朋友，哪些只是普通朋友，正好利用這個業務工作，篩選一些朋友。而且，這份事業又是利人利己，你只要把你買商品的美好經驗，再與朋友分享就可以了，您覺得如何？」

我以「淘汰不適合的朋友」來做為S先生的從業理由。S先生在聽完我的說法後，沈默了幾秒，表示他正思考這件事的可行性。

當然，我沒有忘記，S先生是一位很愛面子、放不下身段的人，所以在同時，我又敲邊鼓地說：「如果你不方便出面的話，你可以把名單給我，等於你是我的顧問，我幫你去談。」

增員，並不一定要將人增進公司內，才叫做增員。**如果把範圍想得大一點，增員影響力中心，也叫增員；增到協力者，也是增員**。在這個故事中，我增到S先生幫我介紹客戶，當然更是一種成功的增員。

尤其對於愛面子、放不下身段的人，先請對方當推薦者，等到第一件佣金送達他的手上時，對方會慢慢覺得做業務沒有想像中那麼難，便會願意走出來試試看了！

阿鳳老師增員教室——三種成功的業務人員

賺錢的方式有三種，聰明的人選擇業務行業；而業務人員也有三種，第三等成功的人——永遠都是行銷人員。

不可否認的，許多公司都有靠個人銷售創下高業績的黑馬，但隨著年紀日增，體力也會有衰退的時候，想想看，若到了七十歲還要到客戶家拜訪，那不是累垮了！

第二等成功的人——靠幹部做出成績。

有些人雖不擅長個人銷售，卻也懂得增員的道理，一旦增員成功，自己就從個人行銷者成為主管，幹部愈多，整組成績就愈好，這是第二等成功的人。

第一等成功的人——靠組織。

經過時間的日積月累，第三等人能慢慢地升為第二等人。待時

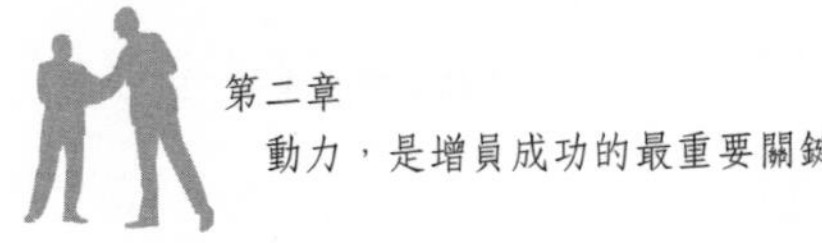

機成熟時，就全心增員、組織、領導、訓練、培育人才，進而掌握整個組織者，就是第一等成功的人，這種人完全靠嘴巴增員，只要一聲令下，開始指揮組織活動就有錢可賺，你為什麼不做組織呢？

想增員自傲型的人，就使用「反擊法」

相較於面對不能踩到地雷的自卑型人，面對自傲型的人，反倒要觸動對方不服輸的那一點，加強刺激對方想挑戰的企圖心。

R先生是一位律師，第一次遞名片給他的時候，我可以很明顯地感受到，他對於業務工作有一種瞧不起的眼神。

很多業務人員遇到被別人瞧不起時，會草草結束話題，快速選擇離開，我卻認為，大家都是認真地工作，沒有誰可以瞧不起誰！如果有人瞧不起業務工作，我反而會想辦法扭轉對方的態度。

於是，我輕鬆地坐在R先生辦公室的沙發上，首先採用「讚美法」和「請教法」，既讚美他的身份地位，又問他許多工作上發生的有趣的事情。

眼見氣氛比先前熱絡，可以開始使用「反擊法」了，於是，我開口問：「能夠成為律師的人，能力一定都很好、學歷也很高，R律師，你在這裡工

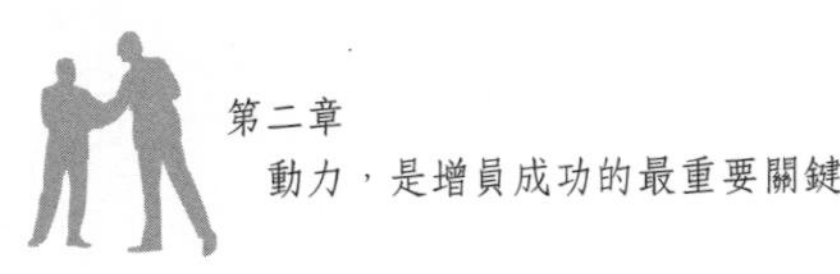

作幾年了？」

「我被請到這家公司已經十年。」R先生一副十分自傲的表情。

「十年了？那，你的薪水應該上千萬了喔！」我說。

「千萬？哪那麼多！」R先生搖搖手。

「那五百萬總有吧？」我又追問。

R先生未開口，但他的表情，明顯洩露了他的「薪」情。

「啊，你的薪水還不到五百萬喔，公司實在是對你太苛了啦，像你能力這麼好、學歷這麼高，如果你到我們公司，你早就能帶很多人了，早就有年薪千萬了，而且會是『總』字輩！你公司對你這麼苛刻，讓你到現在還做經理，唉唉，真是委屈你了啦！」我使用「反擊法」。

聽到我的話，R先生從先前的自傲表情，漸漸換成驚訝，然後是不服輸的眼神。

看到R先生的眼神，我知道增員的機會來了，於是，我請他先從當顧問開始，讓他知道業務這一行如果做得好，遠比他的律師工作更有願景。

半年後，R先生果然開始兼職業務，一年後辭去了律師工作，成為專職的業務人員，沒幾年就達到千萬年薪！

在採用「反擊法」時，並不是一味地指責對方的弱點，而是要以讚美為出發點，並加入對方沒有，自己有的優勢，點出增員對象原公司的不合理、不理想之處，激起增員對象的意願和鬥志，誰說自傲的人不可能成為你的組員呢?!

你，就是讓同業跳槽的動力

不少行業都是本土、外商各有一片天空，年資較久的公司拚命想留住業務人員，新的公司更是想盡辦法挖角，各施挖人手段，在我的單位中，也有同業跳槽的例子。

話說當我離開前公司「味全」之後，除了談業務，也向老同事增員。有一段時間，我曾經想增員H小姐和C小姐，H小姐成功地進來我們公司，C小姐卻跑去另一家公司，當我追問原因時，C小姐說：「去你們公司要天天打卡，在這裡我不用天天上班打卡，比較自由！」

五年之後，H小姐的業績已經「強強滾」！成績輝煌，她的舊同事們都知道她在從事業務，反而對於C小姐也在業務這一行卻不太知曉。

即使如此，C小姐仍然守著她的公司。

過了幾年，C小姐發現她在味全最佩服的一位S課長，竟也被我增員進公司，不禁嚇了一跳，急忙問S小姐：「妳為什麼不來我們公司？」

「我要跟隨最棒的人走！」S小姐回答。

聽到S小姐的話，C小姐仍然半信半疑，就她所知，S小姐十分愛面子：「做業務要跟人家低頭耶，她這個古板傳統的『愛面族』怎麼可能做呢？」C小姐以懷疑的口吻詢問其他老同事。

當S小姐正式成為業務人員後，常常回到味全走動，幾度和C小姐遇個正著，有一次，C小姐問她：「妳怎麼那麼快樂？妳沒有挫折、沒有壓力嗎？妳不怕做不到case嗎？」

「一點也不會，我反而覺得好快樂，好有趣！」

「真的嗎？」

抱著好奇和懷疑的心理，C小姐踏進我的組織，這才覺得好奇大家的士氣怎麼那麼旺？同事之間怎麼那麼和諧？連不同組別的人也能玩在一起？

「如果妳來我們公司，所有的人都會幫忙妳，為妳所用！」我見C小姐的內心動搖，也不忘增員她。

「再看看吧！」C小姐說。

這一看，就是一年，一年內，C小姐發現她敬佩的S小姐愈來愈開朗，羨慕得不得了，一年後果真進來我的組織。

「原來這邊連想混都混不下去！」C小姐終於恍然大悟，發現自己當初追求的自由，反而讓她學不到東西，也害了她。來到我的組織後，更加地認真學習，業務也跟著蒸蒸日上。

很多時候，業務人員在遇到同業時，通常會各自散開，不再聯絡，從沒想到要增員同業。

其實，增員同業雖然需要時間，卻因為是類型相同的業務工作，已有一定的概念基礎，只要用真心、耐心，引發對方的動力，最終還是有成功的可能。

阿鳳老師增員教室——最理想的增員對象

過去曾有一項統計，人們大約在拜訪了六十五個人之後，方可增員成功一人。這個數字看起來真是慘，想必任何業務人看到後，對於增員便會完全提不起勁。難道，沒有方法可以提高增員效率嗎？

當然有，除了我在前面所提到的方式之外，你也可以找出「最理想增員對象」，可更加快增員效率。

最理想增員對象，又稱為有效增員名單，以符合下列的條件最佳：

◎年齡30～40歲之間：有房貸、有小孩需要用錢，正需要賺錢。

◎工作碰到瓶頸的人：剛好有想換工作的念頭，可以輔導對方成功轉業。

◎人際關係良好的人：如里長、辦公室主任、律師、醫師、老闆娘、校長、老師……等，關係良好就等於是有影響力的人。

◎健康狀況良好的人：身體狀況不佳的人，很難外出談業務、談增員。

◎具有或想要有穩健財務的人：有些財務狀況很糟的人，進到組織來，不但到處向同事借錢，還可能把客戶的錢拿來私用，反而失去信用，不是理想的增員對象。

◎具業務個性的人：業務個性就是敢銷售，敢接受挑戰，企圖心很旺，有承擔不怕困難；想自己創業，想要改變自己，想要跟過去的自己不一樣；不喜歡跟人同工同酬。

◎企圖心旺盛的人：喜歡接受業務挑戰、有目標的人。

◎自律性、成熟度佳的人：能夠管理自己，主動積極、勤快、EQ好。

◎有成功經驗的人：有成功經驗，指的是曾經在某一個領域或環境成功過，比如跑步前三名、演講前五名、在學校成績很好……有過成功經驗的人，榮譽感較高，從事業務時也較有毅力，並有成功的慾望。

◎婚姻生活合諧的人：婚姻生活合諧指的是與另一半相互尊重，不會出現「老婆從事業務，老公跑來公司大罵」的情況。

在你接觸的人當中，有符合「最理想增員對象」條件的人嗎？當然，每個人都有缺點，只要符合其中幾項，就可以持續與對方保持聯絡，祝你增員成功！

第三章

從日常生活中增員，輕鬆又愉快

平日，你習慣去哪些地方呢？在這些地方見到的人，都是增員最佳的潛在對象喔！

視增員如吃飯，每日不可少

一般人都認為，政治人物每天有見不完的人，吃不完的應酬，應該什麼商品都買過，事情不見得如此。

我曾經陪同部屬跟某位政治人物H先生談業務，H先生的交友廣闊，我總認為他一定已經買了很多商品，因此，僅為他規劃了一份金額不高的商品。沒想到，H先生看完了規劃後告訴我：「我的身價才值這麼一點點嗎？你們公司最大的規劃是多少？」

「三仟萬！」我回答他。

「就幫我規劃三仟萬好了！」

當我和部屬再次把商品送去給他，請他簽名時，我忍不住好奇地問：「難道您沒有朋友跟我同行嗎？」

「當然有囉。」

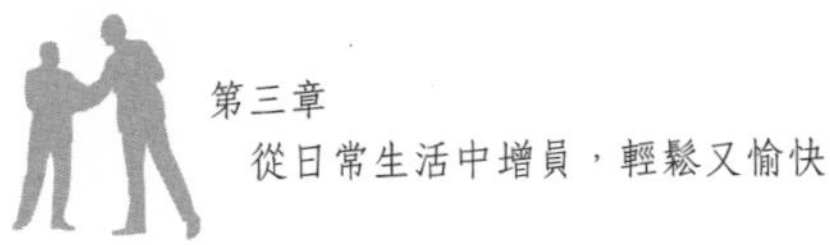

「那你以前怎麼沒買，到現在才買呢？」

「說真的，我雖然有很多朋友跟你從事同一個行業，但是他們都不敢開口，只有你們兩個膽子最大，敢跟我談，所以我就跟你們買了。」

經過這次的親身經驗後，我得到了一個很大的啟發——**只要敢開口，什麼事都能變成可能**。

業務如此，增員更是如此。

此後，當我去參加校友會時，我會把同學、學長、學弟們增進來；當我去夜大上課時，也認識了很多人；當我去參加父母成長班時，我也順道增員；雖然我歌唱得不好，但我還是去報名婦女歌唱班，我並不是真的去那裡唱歌，而是去那裡認識人，就算認識的人不來從事業務工作，也可以成為我的客戶或介紹人。

身為業務人員，走到哪裡都要廣結善緣，像我，無論走到哪裡，都不忘跟人交換名片。

有些業務人員吝於跟別人交換名片，這種舉動是看不起自己，是自卑的行為，必須調整。

從現在開始，請告訴自己——這個行業是我肯定的，我覺得很偉大，我恨不得全世界的人都知道我在從事業務工作。

請拚命努力地交換名片，抱著「不增員會餓死」的心理，勇敢地把名片一遞，增員的機會也隨之而來。

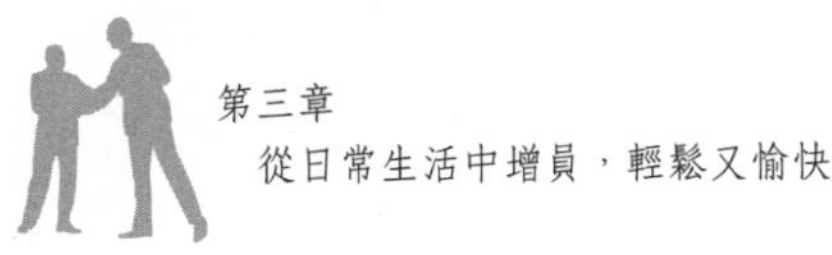

發揮黏巴達精神，三溫暖也可增員

增員要窮追不捨，不斷地和對方保持連絡、維持關係，黏功要夠，以自己的例子做為說服的工具，如此，被增員者看到你的薪水高，心情又快樂，久而久之便會被你所吸引。

去洗三溫暖時，我發現一位修指甲小姐的人緣特別好，客人都指名要她服務，於是，我也請她為我修指甲，順道觀察為什麼她的人緣這麼好。

這位小姐的特質是熱忱、親切、值得信任，雖然她有時比較沉默、口才不好，不過，我認定只要她願意來從事業務工作，必定有她自己的人脈圈可以經營。

我和她聊到她的生活，她劈頭便抱怨：「我沒有先生，都靠自己一個人，壞命啦！命運註定我要這樣過一生。」

「誰說的，命運掌握在自己手中，要改變命運，先要改變自己的觀念。」

「要怎麼改變？我去算命，人家說我會碰到貴人，可是我又沒碰到。」

「我就是妳的貴人。妳要改變命運，就要先改變妳的工作……妳先來我們公司看看，你會發現我們公司的人都好快樂！」

「也對，這邊有很多做業務的人來，看起來生活都很不錯、很快樂。」

「妳也可以啊！」

「真的可以嗎？」

「妳跟著我，保證妳成功！」

對於沒信心的人，增員者就要講保證的話，不過，說了保證，就要重承諾，讓對方成功。

為了增員這位在三溫暖工作的修指甲小姐，我有空沒空就到三溫暖黏她，不斷地講、不斷地纏她，多用一分心、多用一分愛，終於讓她點頭，從兼差開始做起。

當她進來公司後，我開始帶著她拜訪她的姊妹淘、三溫暖客人，談成了許多 case。

不到幾個月，她整個人變得亮麗起來，愈來愈會打扮自己，收入也比三溫暖多了兩、三倍，以前她在三溫暖沒機會接觸到異性，現在則因為從事業務工作，認識了男朋友，不再自卑、自怨自艾，命運果然改變了！

讓兩隻眼睛變成一百隻，增員效率快

常常看到有些人的名片上印著「某某公司顧問」，「顧問」兩個字聽起來似乎是一門很大的學問，好像要知識、學識、常識、社會經驗、背景、人際關係夠的人才能當顧問。其實不然，我就利用「顧問法」借力使力，不但加快招攬效率，也能從顧問介紹中認識增員的對象。

我認為，只要是活人，就是我們的顧問，每天我們見到的人，都是我們的顧問。

我常常向一家名牌服飾店的老闆娘買衣服，買久了也和她成為好朋友。

一開始，當老闆娘得知我的行業時，立刻表明對我行銷的商品非常排斥，因此，每次買衣服時，我絕對不向她銷售商品，只告訴她一些我在銷售時發生的故事。

有一天，老闆娘反而主動問我：「妳怎麼都沒有向我推銷商品？」

「我知道妳一直對於我所銷售的商品沒有興趣，如果妳會買，太陽就會從西邊出來！」我故意加上這一句諺語。

「誰說的，我就要讓太陽從西邊出來，讓不可能成為可能！」

經過我一番「激將法」之後，老闆娘不但願意進行體檢，原本一張規劃都沒有的她，經過我規劃分析後，買了一張大保單，年繳三十萬保費。更進一步，當她認同我之後，也替我開拓了很多客戶，成為我最好的顧問。

對我而言，顧問包括外在和內在的顧問。舉凡舊保戶、生意上往來的對象、同學、朋友，甚至兒女同學的父母……等，都是外在的顧問，外在顧問需要不間斷地接觸，持續地連絡五年左右，當兩人成了莫逆之交後，就算沒有常常見面，也維持了相當的友誼。

至於領導我們進門的師父、同事、經理……等，都是內在的顧問。業績做得再好，如果缺乏別人在一旁鼓掌，成功好像也變得沒有意義。內在顧問就是當你成功時，分享你的成果；當你失意時，為你打氣、加油；當你遭受困難時，更需要內在顧問伸出援手拉你一把。

在保險業中，有句話說「一張保單等於兩百五十個市場」，因此，即使客戶投保了，也不代表完全完成一筆生意。以高投保率的日本來說，所有的客戶都是從舊保單延續而來，從這一點可以看出，業務人員的服務精神非常重要，只要對客戶真心服務，得到客戶的欣賞，客戶也會樂意幫你介紹，如此一來，原本只有兩隻眼睛的你，很快就能夠有一百隻眼睛幫你銷售、增員。

從現在開始，趕緊在各行各業找一位關鍵人物，先和關鍵人物成為朋友關係、客戶關係。當你服務做得好時，業績自然沒煩惱，想要做組織時，也可以發動所有的顧問幫你介紹，如此一來，增員再也不是一件惱人的事了。

斷食一天，增員一人

每當我到一個新團體，我總抱著認識朋友和一顆服務的心，來參與各項活動，常常因此增員成功！

有次我去參加斷食營，認識了來自各地的人，上課當中，我不斷地與大家交談，不斷地服務，排隊時會先讓給他人，也幫大家端東西。斷食營結束前，幾乎每一位參與的人員，都能叫得出我的名字。

其中，我又與K小姐最投緣。

K小姐是某家建設公司的會計人員，在斷食營之後，我三不五時就打電話給她，或找她出來吃飯，以交朋友的心情陪她聊天逛街。

幾次見面後，我得知K小姐在建設公司過得很「鬱卒」。她覺得，再怎麼努力，每年的薪水不過加一點點，而且，公司的營運業績也每況愈下，一年不如一年，說收攤就收攤，讓她覺得很沒有安全感。

「建設公司一倒，到別的公司又要從頭計算年資，划不來！」她抱怨。

「那妳可以找穩當一點、以業務工作為主的公司啊，每家公司都需要業務，有業務經驗的人一跳槽，從處經理變副總、總監者大有人在，因為人家要的是經驗，經驗是偷不走的。」我說。

「可是，我怕人家會問我會計做得好好的，為什麼要做業務……而且我怕收入不穩，我現在每個月還要交會錢。」提到轉業，K小姐也有一大堆的疑慮。

「妳現在待遇多少？」我事先已了解，K小姐對於的薪水有極大的不滿及不安全感，於是切入薪水話題。

「兩萬多啊！」

「我保證妳來我這邊之後，一個月就可以賺到四個月的薪水。」我很有信心地告訴她。

「可是……我怕做不久，而且，我的客戶又沒妳那麼多！」K小姐仍然猶豫不決。

「這樣吧！妳暫時不要辭掉工作，先留三個月的預備期。這三個月妳就

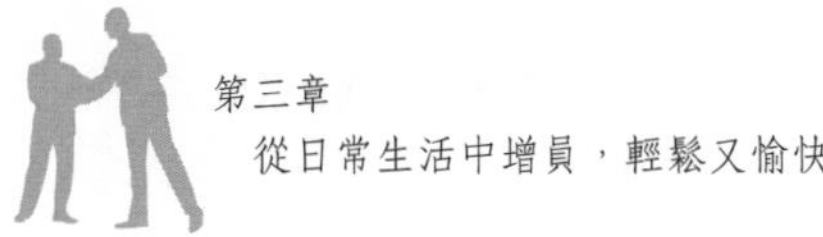

準備考試，有客戶時我陪著妳去做，妳先看我怎麼談業務，慢慢學習專業知識，再做一個選擇。」

聽了我的分析之後，K小姐考慮了一陣子，最後決定先試試看，同時也很順利地通過專業考試。在我的陪同下，談成了許多case，增強了K小姐對於業務行業的信心。

後來，她果真辭去會計工作，成為全職的業務人員，而K小姐的細心以及原有的會計專業，在說明商品時，更加有說服力，靠著自己的力量，即使不必很會說話，也有很好的業績收入。

在這個例子中，原本擔任內勤的K小姐，願意踏出來的關鍵，就在於「三個月預備期」，這個方法極適用於想要一試，又不敢完全放棄原本工作的增員對象喔！

成為增員對象的貴人

增員時，增員者本身的態度也非常重要，態度不對，不是增不到人，就是增到人之後，得不到尊重。

為了不讓上述的情形發生，增員時，我都會告訴對方：「你進來從事業務工作，我會全力協助你。」

很多人對業務一行並不清楚，以為只要他進來談到業務，主管就可以得到莫大的好處，因此，**當我要增員時，我不會低聲下氣的求對方進來，而是以貴人的心態說：「我可以協助你賺更多的錢！」、「我專門雕塑人才、培養人才！」**

在我從事業務工作之初，是從基層業務員當起，一直到後來當上公司的區部經理，我所增進來第一代和第二代的人才將近兩千多位，可比美一家中型企業。即使如此，我並不覺得自己是求人進公司，而是把每個人當成藝術

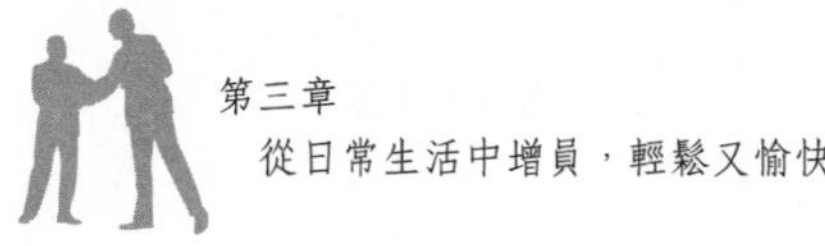

品，我，則是以藝術家的角度，來欣賞我所增進來的每一件藝術品。

在業務這一行，會聽到很多主管對新人說：「我陪同你去談，談成了你分我一半佣金。」這樣的心態，就是沒有把自己當成新人的貴人，非常不對，誰跟到這種主管誰倒楣。

所謂貴人的心態，指的是有再塑造對方的心態，並不是要你對新人擺架子，也不是要你與新人計較，分享權利要有胸襟；分享利益要有肚量，主管一定要以「有容乃大」的心情來增員。

因緣際會增員雙姝姐妹花

「小姐，樓上的王先生是不是外出了？」

有一天，我和公司的葉副理到三重談業務，沒想到按電鈴按到手酸，還是不見半個人。我和葉副理口渴之餘，走進樓下的豆漿店，順便向賣豆漿的老闆娘W小姐打聽準客戶的行蹤。

聊著聊著，我燃起好奇心問W小姐：「妳在店裏賣早點，一個月收入多少？」

「沒多少啦，一個月二、三萬！」

「那妳平常都開到幾點？」

「我都做到十一、二點就收工了。」

「下午的時間呢？」

「就沒事了啊！」

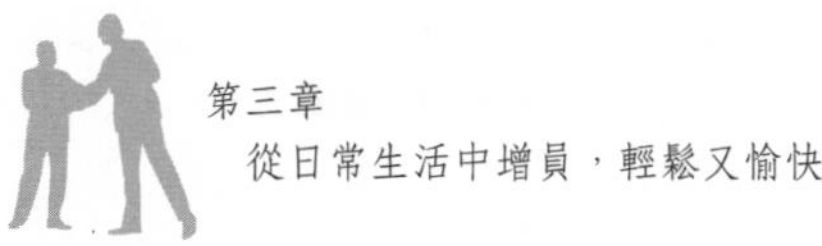

「妳可以來我們公司上班！」

「妳們公司？」

一問一答之下，我拿出名片，向W小姐自我介紹。

「我這麼忙，怎麼有時間去上班？而且我又沒有口才、人際關係也不好……」

如同所有的拒絕理由一樣，每個人幾乎都會以沒口才、沒人際關係來當擋箭牌，不過，我又繼續追問：「難道妳們都沒有休假日嗎？」

「有啦，每個禮拜我可以放假兩天。」

「不然，當妳沒有上班時，就到我們公司走走。」

雖然W小姐沒有再答腔，但經我暗中的觀察，她的確對轉換工作有興趣。

不到三天，我又和葉副理到W小姐家中拜訪，閒聊當中果然透露出自己對於工作現況的倦怠，卻又礙於學識不高，苦無其他就業機會……等等。

「不管怎麼樣，妳一定要來我們公司看看！」

「好！」這次，W小姐很快地答應。

當W小姐出現在公司時，她身旁多了一位未曾謀面的陌生女子，這個名叫小玉的女孩，是W小姐的妹妹，目前開了一家雜貨店。小玉是家中公認最聰明、最鬼靈精怪的一位，W小姐怕被我和葉副理騙了，才帶著小玉一起來看看、了解一下。

經過幾天的新人講習，W小姐對公司產生信心，決定辭去早餐店工作，加入專職的行列。讓她意外的是，當她對家人說明意願後，小玉隨即也說：「妳要做，我也要做！」

於是，W小姐和小玉，這對姐妹花都加入了業務行業。

兩姊妹自從接觸業務一行後，就再也沒有換過工作。二十多年來，她們的改變非常多，原本學歷不高的兩人，來到公司之後，發現學習的重要，於是兩姊妹又繼續攻讀夜間部，一邊工作、一邊唸書，不斷地成長進步。連陌生人都覺得她們變得信心滿滿，任誰也看不出來，她們曾經是窩在豆漿店和雜貨店裏，自認沒有口才、沒有人際關係的人！

喪禮，也能增員——滿足人的需求

業務人員最怕沒有 case 可談、沒有人員可以增，為此，我總是告訴業務人員，無論參加婚喪喜慶，都要帶著照相機幫忙拍照，再留下對方的聯絡方式，藉此增員與談業務。

「師父帶進門，修行在個人」，雖然我口口聲聲叮嚀，不見得每位業務人員都會聽話，不過，聽話照做的業務人員，真的從婚喪喜慶中招攬，甚至增員。

T先生就是一個最好的例子。

還算是業務菜鳥的T先生，在忙到沒時間洗衣服時，會將衣服拿到家裡附近的洗衣店。

有一天，T先生和洗衣店老闆娘聊天時，得知老闆娘的婆婆剛去世不久。

「我婆婆生前最喜歡G先生（某位知名政治人物），如有他送的輓聯，婆婆地下有知，不曉得多麼高興呢！」老闆娘無意間說。

回到公司時，T先生向我報告他與洗衣店老闆娘的談話，巧的是，我剛好認識G先生，我知道無論如何也要幫這個忙。

喪禮前，T先生帶著由G先生落款的輓聯，親自交給了洗衣店老闆娘，老闆娘看了大為感動。

喪禮過後，老闆娘為了感謝T先生熱心的協助，答應了T先生的邀請，願意前來了解業務工作。

由於老闆娘的人際關係很好，業績成長迅速，很快便成為組織中的一支生力軍。

辦法是人想出來的，要滿足自己的需求，就要先滿足客戶的需求。當我們知道洗衣店老闆娘的需求時，不管三七二十一，都先想辦法完成。現在，這位老闆娘不但從事業務，還成為大主管，是位不可多得的良將。

增員，就在你日常生活中實現，所以，請想想食、衣、住、行、育、樂中，你會見到哪些人，就從這些人開始增員吧！

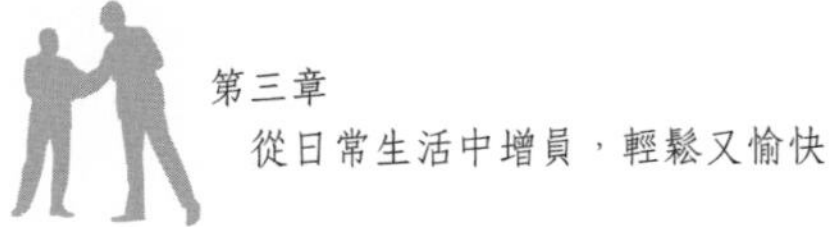

阿鳳老師增員教室——增員識人十二訣

雖然春城無處不飛花，人生無處不增員，但凡事總要有些限制，增到好的人員，會讓組織如加了三千匹馬力般奮勇向前衝；而增到了做得不久，又會消耗組織能源的人員時，可就會讓主管們傷透腦筋。到底哪些人該增，哪些人萬萬不能增呢？

在前章中，我提到「最理想增員對象」，在這裏，再補充十二個增員識人的秘訣。

一、他健康嗎？

不健康的人分真假兩種，對於無病呻吟型的假病人，更要努力把他增進來，好好治治他（她）的「假仙病」。

二、他年齡適合嗎？

叫一個六十歲或十八歲的人來從事業務都不適合，二十五歲到四十歲之間是最適合做業務的年齡。最好是有工作經驗，來做業務會比較如魚得水。

三、他家裡狀況如何？

如果他家裡狀況是經常搬家，每天和老婆吵架、打小孩，這種人在不是很正常的家庭情況下，沒有辦法專心的從事業務工作。

四、他的經濟狀況如何？

如果是常常跑路，或經常性舉債者也不適合。

五、他的社交活動能力如何？

所謂社交活動，是指他願意跟人接觸嗎？他喜歡跟人打交道嗎？

六、遇到陌生人，他可以在很短的時間內與人融入嗎？

七、他的親和力夠不夠？

八、他對行銷業務的態度如何？

問清楚被增員者到業務性質為主的公司，是想做終身的職業，還是只是想固定上班。若他認為工作就是混水摸魚，混過今天薪水

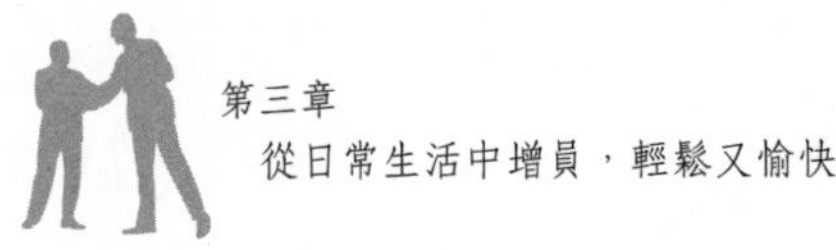

就是我的……等消極想法者，都不適合。

九、他的外表形象如何？看起來散漫的人、不注重自己形象的人可能都不適合。

十、他是不是個非常誠實的人？

十一、他有沒有企圖心？

十二、他有沒有追求成功的慾望？

第四章

被拒絕了？找到鑰匙就OK！

當你想增員對方時，一定會遇到各種拒絕的回答，這時候，該怎麼因應，讓增員對象成功成為你的人呢？

拒絕的回答一：家人反對

增員的拒絕理由非常多，最常聽到增員對象說：「我家人反對！」

此時，我會先進行一段分析，讓增員對象知道，反對你從事業務工作的人可能有三種：

一是愛你的人——怕你受傷害；怕你被騙；怕你有壓力；怕你做不久；怕你親戚朋友談完，就沒得談了！

二是失敗的人——因為他曾經在業務工作嚐到失敗的苦果，所以反對你從事銷售。

三是同業——同業相忌，他希望你最好去他們那一家。

分析完這三種人之後，我會問增員對象：「家人哪一位反對？」

他可能會回答：「我姊姊」、「我爸爸」、「我阿姨」……等皇親國戚都搬出來。這些人是屬於第一種反對類型，我的方法是告訴他：「反對你的

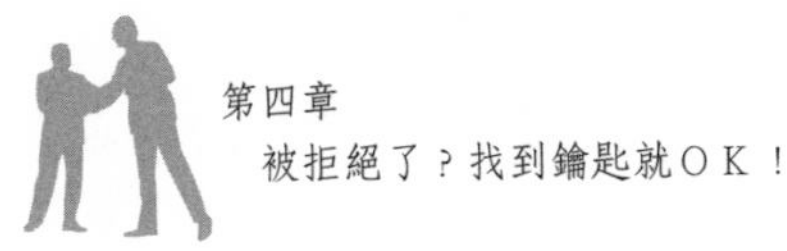

人是愛你的人，怕你有壓力，但是只要你意志堅定，做出成績來，讓家人覺得你改變了，他們就會由反對變成支持。」

針對第二種類型的反對者，我會先問他：「你跟他一樣嗎？」失敗的原因很簡單，不是無法堅持，就是偷懶，不然就是自尊心太強，或者不參加早會，要不就是沒有信用，做人失敗。只要你跟著我，給自己三個月的時間賭賭看，賭贏改變你的一生，賭輸也不吃虧……你是用我的嘴巴，用我的專業知識，用我的車子賺你的錢，何樂而不為？

對於第三種反對類型，我的方法是：「你看看我們單位的氣氛，多好！你若害怕，先來試試，反正已經有經驗了，到時候不喜歡再換一家，不怕別人不要你！」

當增員對象來了之後，感受到單位中的和樂，學習到許多新知，就再也不想離開了。

有一句話說：「最大的敵人是自己」，這句話在業務行業中更能得到印證。

拒絕的回答二：擔心自己做不好

增員時，常常會聽到對方問：「萬一我做不好怎麼辦？」這時，不妨回答：「如果你有這種念頭，那麼你一定做不好了！」我自己就是一個最好的例子。

出生於中部鄉下的我，當年到台北唸書工作時，母親除了叮嚀我要注意安全外，也告訴我：「弟妹都要靠妳這份薪水來繳學費，妳一定要忍耐，出門在外雖然辛苦，妳要忍耐喔！」

每次我覺得快撐不下去時，只要想起母親那一句「妳要忍耐喔」，我又咬緊牙根，繼續向前走，因為貧窮的人沒有喊苦的權利。

輪到妹妹外出工作時，由於家境已經好轉，母親告訴妹妹：「出外很辛苦，如果老闆對妳不好，妳就回來沒關係，家裏不缺妳一個碗、一雙筷子，妳隨時可以回家！」

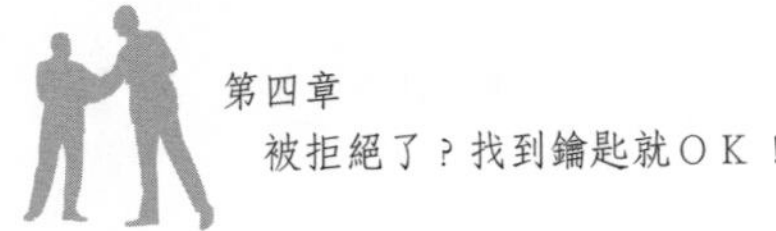

妹妹果然常常換工作。

從我和妹妹的例子可以看出，人一定要有原動力，有些人的原動力來自沒有錢就活不下去，有些人的原動力來自台下的掌聲……有原動力的人才能成功，反之，認為有也好，沒有也好的人，就無法成功。

所以，對於擔心自己做不好的人，不妨給對方信心喊話：「你一定要告訴自己，我若不成功就死定了！抱著這樣的決心，你就一定能成功。」

拒絕的回答三：平日有正職，很忙、沒時間

在我的組織團隊中，許多人都是從既有的職業轉換到業務工作，在增員這類人才時，最常聽到的拒絕就是——我有正職，很忙、沒時間。

S小姐就是一個最好的例子。

在一次公司舉辦的員工旅遊中，我發現導遊S小姐熱心又親切，遂萌生增員的想法，巧的是，單位中有一位主任的先生也在旅行社上班，和S小姐很熟，因此，我便告訴這位主任：「S小姐是一位很好的業務人才，趕快增員她！」

「不要啦！我帶團帶得好好的，那有時間做保險？」當我和主任開始了增員行動後發現，S小姐對於帶團的工作樂在其中，加上薪水也不少，並沒有轉換工作的打算。

「不然這樣好了，妳有帶團就出團，沒帶團時就做兼職人員，銷售我們

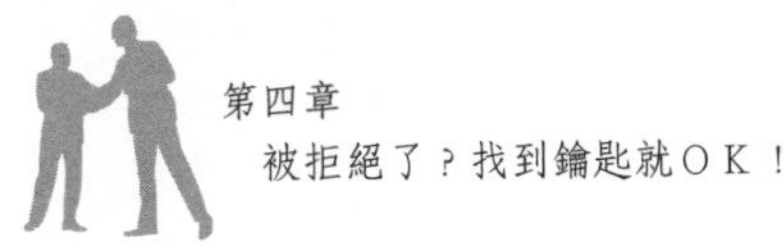

公司的商品，這兩樣工作不會衝突！」認定Ｓ小姐絕對是個人才，我說什麼也要把她增進公司。

Ｓ小姐覺得我的話頗有道理，於是也試著兼職。她每帶完一個團之後，就把團員找出來聚餐，從聚餐中間聊商品，她的成績果然不出我所料，光是兼職，每個月就有一、二十萬的收入，比旅行社的薪水多好幾倍。

每次發薪水時，我會鼓勵Ｓ小姐，建議她可以轉移重心，把帶團的比重放少一點，把兼差的時問加多一點，讓Ｓ小姐對保險更有信心。

在Ｓ小姐兼職的第四年，她對帶團開始感到厭倦，怕「機瘟」，也抱怨旅行工作讓她和家人聚少離多，有時還要受客戶的氣……我見時機成熟，勸她把旅行社的工作辭掉，專心從事業務工作。

Ｓ小姐專職業務一做就超過十年，月薪也維持在二、三十萬元之間，不少旅行業的老闆除了買她的商品之外，也成為她的顧問，為她介紹客戶。

阿鳳老師增員教室——「增員」、「增援」、「增緣」、「增遠」、「增圓」

別以為你只是在增員，其實，增員不只是增員，它還是「增援」、「增緣」、「增遠」、「增圓」呢！

增員——做業務就是要增人。

增援——增進能夠協助我們的人。

舉凡在社會上有身分地位的人，或左右鄰居，都可以成為協助我們的人。我認識的一些企業老闆都是我的「增援者」，雖然他們沒有辦法來上班，但是他們都可以幫我介紹客戶。

增緣——就是增加人際關係。

增遠——要做個有長遠計畫的人，業務工作是恆久的事業，必須要有目標、有計畫。

增圓——從事業務工作之後，人際關係會擴展開來，因此，更要廣結善緣，讓人生圓滿，事事都會做得成。

拒絕的回答四：我口才不好

很多人都以為業務工作一定要有好的口才，其實，現代人都很謹慎，單靠口才不見得就能讓業績呱呱叫。

其實，**最好的銷售方法是要「會問」、「會聽」，口才好不好倒是其次**，有時口才太好，還會讓客戶覺得你不太可靠，甚至會騙人、是金光黨等等。

我認識一位E先生，他很容易害羞，口才一點也不好，但業績卻很不錯，他的銷售方式很簡單，就是直接講。

比如，遇到認識的人，就直接問：「要不要做體檢？」對方可能會很好奇：「做什麼體檢？」這麼一來，就可以接續商品的話題。

除了直接，E先生最讓人讚賞的是熱心。像是，當他發現快中午了，而客戶還沒有吃午餐，他會順道買便當到客戶那兒；如果客戶作生意很忙，他會出手一起幫忙。

E先生有一位客戶是麵店老闆，原本約了要談商品，但E先生一到店中，發現麵店生意很好，於是他捲起袖子，在店裡幫老闆端麵，一直到下午，老闆比較有時間了，才開口介紹商品。

由於口才不好，E先生無法像許多業務人員一樣，一開口就滔滔不絕，所以他經常直接地問客戶：「一個月要投資多少？」

雖然E先生口才不是很好，但他有熱情、積極、誠心服務別人，為他贏得了好口碑、創造出高業績。

有時候，口才不好並不代表業績不好，熱情的心反而比好口才更感動人。

每當有人認為自己口才不好時，我不但會將我所看到的故事告訴對方，同時也強調正確的態度，遠比口才好更重要。

此外，下面這些引導式的對話，也適用於擔心自己口才不好的人。

1.你覺得我口才怎麼樣？我過去口才跟你一樣。

2.口才可以訓練，慢慢會進步。

3. 口才好不見得業績就好，誠實最重要。

4. 我們在面對客戶時，只要抓住重點，確實說明商品的好處及功用，就可以不必煩惱口才的問題。

用引導方式，將負面變正面

增員對象的拒絕問題，皆來自於擔心、恐懼、不熟悉，在面對增員對象的種種不安時，最重要的是以同理心來對待，認真看待對方的問題，並以引導的方式，為增員對象的擔心開一扇窗。

增員時絕對會聽到對方以各種理由說「不」，此時，你可以參考下列觀念，將話題與擔憂導向正面。

◎認為業務收入不穩定

〔引導方式〕請問對方——A君一個月收入六萬、二十萬甚至一百萬，B君一個月固定收入四萬，你會選擇作哪一個？

◎曾經做過類似工作卻失敗

〔引導方式〕有人結婚，也有人離婚，難道離婚的人就永遠不敢再結婚嗎？很多人失敗並不代表你會失敗；以前失敗不見得這次也會失敗。

◎認為制度不好

（引導方式１）問題並不在於制度，而是你的心態與意願。公司的制度再好，你不去拜訪、工作態度很差，一樣不會成功。

（引導方式２）制度不是關鍵，找對師父才是關鍵。公司的制度再好，如果跟錯人，也很難成功。

◎認為做業務要向人低頭（以保險為例）

（引導方式１）保險是家庭理財的一項，只要專業就會讓人歡迎與尊重。

（引導方式２）我們是教人如何利用保險增加財富及規避風險，讓人在生活上、經濟上受到保障，是理財顧問的角色，絕不是求人買保險。

◎做業務很辛苦，有業績壓力

〔引導方式１〕時間自己可安排，很自由，而且到處找朋友聊天，既愉快又開心。

〔引導方式２〕有目標才會有幹勁，責任額是按個人能力程度來定的。

◎我沒經驗、業務不好做、一般人對商品沒有興趣（以保險為例）

〔引導方式１〕保險是儲蓄、投資、保障與愛心的表現，只要讓客戶了解這點，他就已經先肯定了保險。

〔引導方式２〕每個人剛到公司的時候，都是沒經驗的，經過有系統的教育訓練，再加上用心學習，就可以進入狀況。所以，保險工作是免經驗的，可以邊做邊學，一面賺錢，一面充實實戰經驗。

〔引導方式３〕剛開始我會陪同你，幫你做說明，你只要在旁邊學習就可以了。一旦建立客戶正確的保險觀念，針對客戶的實際需要開口，相信只要對他有幫助，客戶一定會欣然接受。

◎認識的人不多，擔心做不久

〔引導方式1〕業務工作本身就可以讓你認識更多人。

〔引導方式2〕客戶會介紹新客戶給你，認識的人會愈來愈多，業務就愈來愈好做。

◎新人不容易賺到錢

〔引導方式1〕請問，如果繼續目前的工作，你的生活將來有沒有可能變得更好？如果有，那麼有可能變得多好？

〔引導方式2〕你希望將來的收入有多少？

◎很多人都在做，競爭大

〔引導方式1〕競爭大表示，消費者已經對這類商品比較有概念，這麼一來，談起業務也會比較輕鬆。

〔引導方式2〕競爭大時，就要以服務為主，誰讓客戶感覺好，讓客戶信任、喜歡，客戶就會跟誰買。

〔引導方式3〕因為競爭大，品牌就變得更重要。

◎現在做太晚了

〔引導方式１〕每一個時間都有人說太晚了，現在的時機反而是最成熟、最好做，怎麼會太晚？

〔引導方式２〕每個時代都有人變老，有人出生，永遠都不會嫌太晚，只有不做才會太晚，只要馬上做，就不會嫌太晚。

◎我覺得這類商品不好做！

〔引導方式１〕這類商品，在很多國家都有一、兩百年了。

〔引導方式２〕況且，就是不好做，今天才需要你！好做的話，就用販賣機做就好了！就是因為不好做，今天你才有機會啊！

〔引導方式３〕說不好做也不一定，我都在這裏三十年了，你說好不好做。

◎做業務壓力很大

〔引導方式１〕生活中，很多事都會有壓力，在公司上班，也一樣有壓力；如果都沒有事情做，像金融海嘯時，很多人都休無薪假，可是壓力很大，一點兒也不快樂。

〔引導方式2〕如果有一種壓力是短暫的，會讓你的收入比原來的收入好數倍。而且，這個短暫的壓力，能夠讓你長期快樂地過日子，那麼，你寧願辛苦一下子，還是辛苦一輩子？

〔引導方式3〕壓力是自己造成的，如果享受壓力，那怎麼會有壓力？沒有工作的壓力更大啦！

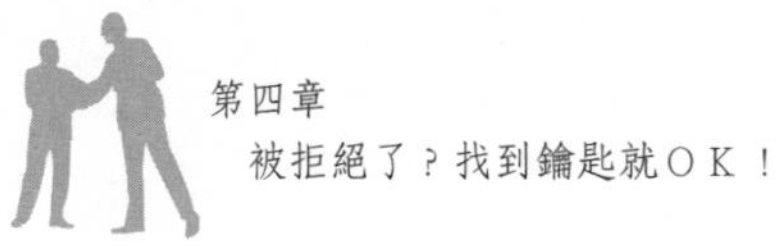

阿鳳老師增員教室——更多引導方式大公開

拒絕理由：外商公司比較好。

引導方式：能不能成功跟哪一家公司無關，反而是誰是你的師父，誰能協助你成長，才是關鍵。

拒絕理由：我的個性不適合。

引導方式：環境會改變一個人的個性，何況業務也不像你想的一定要如何如何。

拒絕理由：我外表不佳。

引導方式：我們賣的是商品，況且，外表在經過裝扮後，也會漸漸不同。

拒絕理由：怕影響家庭。

引導方式：不會的！時間自己安排，又可以改善家庭經濟狀況。

拒絕理由：女人不適合做業務。
引導方式：女人有愛心、耐心、口才，最適合業務。
拒絕理由：男人不適合做保險、傳銷。
引導方式：把它當作事業來經營，自己就是老闆，生意大賺錢就多。

第五章

誰說最不可能增員？照樣增到人！

別人眼中絕對不可能的增員對象，最後還是進了我的組織，事情到底是如何發展？全都在本章中。

別得了「近視眼」

我有一句名言——只要是人不是鬼，都可以是增員對象。

有一天，我得知老人慈善基金會需要義工幫忙，於是，我吆喝大夥兒一同去當義工，如果時機許可，也可順道增員或招攬。

「經理，老人家大都七、八十歲，最年輕也五、六十歲，怎麼增啊？」業務人員馬上提出疑問。

「你有這樣的疑問很正常，但是我們要注意，不要患了『近視眼』。」**老人家的年紀雖大，銷售或增員都不適合，但可以作老人家的「戶口調查」**。

基金會理事長是位慈祥和藹又幽默的長輩，大家都稱她為楊媽媽。與楊媽媽熟絡了之後，有一天我問她：「楊媽媽，您有幾個小孩？」

「我有三個女兒，一個兒子。」

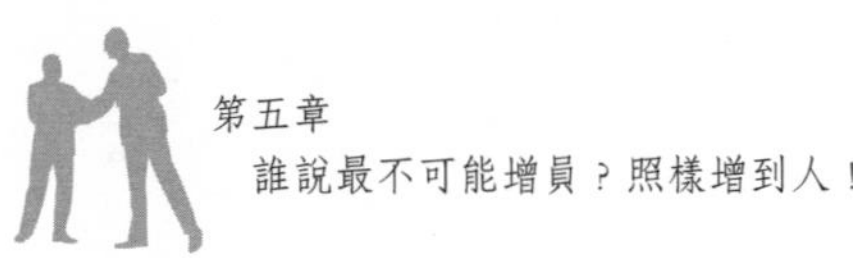

「都有在工作嗎？」

「其中一個女兒沒有。」

聽到這裏，我心想，機會來了，於是趕快追問下去，沒想到楊媽媽竟給了我一個意想不到的答案。

「我這個女兒碩士畢業，嫁給醫院的院長當少奶奶，在醫院裏收錢呢！」

一般業務人員聽到此，恐怕會覺得沒戲唱了，「少奶奶怎麼可能出來做業務？」頂多將其視為顧問，怎麼想也不會把醫院的少奶奶當成增員對象，而我卻不這麼想，緊接著問楊媽媽：

「您希望女兒出來做事嗎？」

「我覺得她大學畢業，沒有發揮所學很可惜，可是……她很難增喔！」

「沒關係，讓我試試看。您只要介紹我和您女兒認識就好，但是您不要告訴她，我是要找她來做業務，不然她絕對會拒絕，您就說有人需要辦貸款的人才，想請她幫忙！」

楊媽媽同意我的說法，介紹我和她口中所謂「很難增」的女兒認識。不過，到此只是增員的暖身運動，我要強調的是，只要你有心增員，請務必建立起「人生無處不增員」的心態。

增員，最忌諱患了「近視眼」——只看到眼前的東西，而忘了視線之外的無限可能性！

讓法律系學生從兼職到正職

每到鳳凰花開時節，就是企業界進駐校園徵才的時候，在我的單位中，也有校園徵才成功的例子。

這個例子與前一故事裡的S導遊小姐有關。

在S小姐尚未專職從事業務工作之前，有一次，她帶了F大法律系二年級的學生出團，在旅行當中，S小姐順口以打工兼差的說法向整個團隊增員，旅行結束後，果真有兩位同學躍躍欲試。

L先生就是其中之一。

F大法律系的L先生，從大學三年級就開始兼差銷售商品。身為學生，L先生的客戶除了同學的父母之外，大都以直接拜訪的方式行銷。

他見公司以特約商店的方式，與民間企業、服飾店、餐廳等簽約合作，也以此為媒介，沿著街道拜訪，每到一家商店，就與店老闆談簽約的事情，見面的次數一多，店老闆便買了他的商品，成為他的客戶、顧問，平均下來，L先生每月收入約有六萬元。

愈接近L先生的畢業日期，愈多人跟我說：「雖然他在業務這一行。肯定是明日之星，但畢竟人家是法律系高材生，不可能留下來的啦！」

或許大家說的沒錯，但我仍然不願意放棄留下L先生的機會。

當L先生畢業後，我告訴他：「你可以來我們公司當專職人員。」

「可是我爸爸反對，他希望我考律師執照、當律師。」L先生回答。

沒錯，天下的父母無不望子成龍、望女成鳳，不過我也十分看好L先生的業務才華，於是，我告訴他：「律師也要有名才有用，沒有名的律師，收入也不見得穩定，何況你來這裏，也可以當客戶的財務顧問師。」

聽了我的話，L先生靜靜地思考著，似乎覺得我的話頗有道理。

我接著問他：「你已經兼差兩年，業績也不錯，如果你專職，你認為業績會不會更好？」

「應該會很好。」

「其實你來這邊是進可攻、退可守，以你的學歷、形象，及這兩年打下

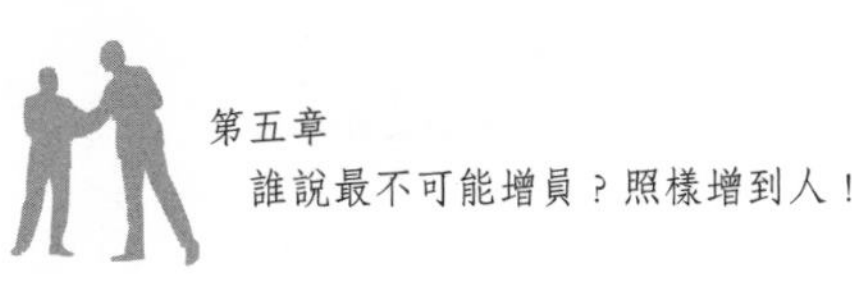

的基礎，一定可以成為一位業務高手，萬一你真的不想做了，再去考律師也不遲。」

打鐵要趁熱，說服了Ｌ先生之後，我又展開攻勢朝Ｌ先生的父親進攻。

「現在業務這行是明星行業，你兒子在這裏做得那麼好，業務可以賺很多錢，如果他想開一家律師事務所，也得先存一筆錢才行。」

「不行，不行，哪有法律系畢業還跑去做推銷員？」Ｌ先生的爸爸依然反對。

「其實這也是一種社會歷練，業務工作可以認識很多人！人脈才是錢脈，現在他廣結善緣，以後當了律師才有客戶。我們單位裡多的是大學畢業生，不但如此，還有很多律師、會計師都轉到我們這邊，你兒子才剛畢業，年輕就是本錢，如果到時候不想做了，也可以當我們的內勤專員！」

口沫橫飛地說了一大堆，Ｌ先生的父親雖然面有難色，卻也點了頭：

「好啦，試試看！」

為了讓Ｌ父更認識保險，我們數次邀他參加公司早會和活動，持續努力之後，終於得到Ｌ父的認同。而Ｌ先生更是不負眾人期望，專職的第一個月就領了十多萬，畢業的第一年，就買了價值百萬的名車代步。

眼見當年一同畢業的同窗們，有人為考律師執照拚得焦頭爛額，有人找不到好的工作、月入不到五萬，而自己不但年收入百萬，還當上主管，L先生深覺，五年前的選擇果真沒錯。

假設L先生畢業時，我和大部分的主管一樣，都認為他不會繼續從事業務工作，那麼，我不但白白失去了一位業務高手，同時，也讓這位年輕人失去了在業務舞台上大放異彩的機會。

所以，別說有什麼事是不可能的，在說不可能之前，請務必先嘗試。

這時候，就用循序漸進法

有些女性生了小孩後，就不再出社會，一心一意以照顧家庭為主，拒絕外出工作，而且意志堅定，就差沒對天發誓。此時要採取循序漸進法，見招拆招。

首先，我會來段開場白：

「很多風險是我們無法預料的，先生不可能讓妳靠一輩子，女人一定要獨立。」

接著，我搬出女人必須要經濟、精神、感情獨立的三獨理念，鼓吹家庭主婦不要做個失去符號的女人。

「大家看到妳，都叫妳賴太太，幾乎忘了妳是葉小姐，連妳的姓都忘了，當妳是失去符號的女人！」

「這……」

「妳有沒有擔心過會被社會淘汰，沒有自己的空間，孩子總會長大，家裡就剩妳一人，面對空巢期要怎麼辦？」

「不然，我等到空巢期再出去工作？」

「到時候怕妳沒有勇氣面對多變的社會，自信心也被磨得差不多了，何不趁現在加入我們？從事業務工作不但時間很彈性，在事業、家庭又能兼顧的情形下來公司，就把它當做媽媽成長班，吸收新知、認識朋友，至少要趕得上時代，不要被時代拋棄。」

二十五年前，我想增員一位P小姐，她告訴我：「等我小孩上高中後，我再來做。」這二十五年之中，我常與她保持連絡，讓她知道我的情況，當她的小孩子上了高中後，她果然來找我。可惜的是，二十五年前和二十五年後，進入我們公司的門檻已經不同，她的國小學歷並不符合，想進公司也來不及了，只好繼續當我的顧問。

當我遇到增員對象告訴我，等到某某時候再來時，我會視情況，把上述故事告訴對方，有些人快被我的增員話術招架不住時，會丟出一句：「可是我先生反對！」此時，我會告訴對方：「妳先兼差，等到先生感覺妳在這裏

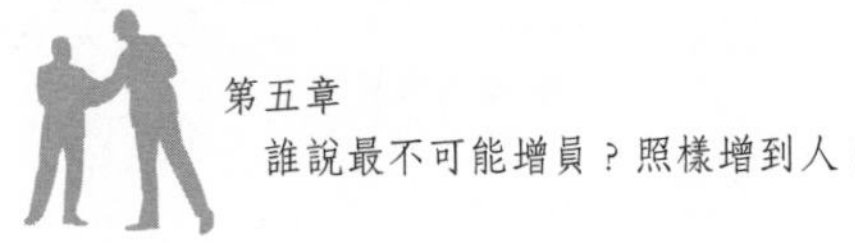

那麼久，也沒有影響家庭，慢慢地他就會接受了。」

我就是這樣子一而再、再而三地見招拆招，循序漸進地增員許多壓根不敢步入社會的家庭主婦。當然，當新人來到公司後，如何吸引新人繼續留下，個人與職場的魅力就變得非常重要。

阿鳳老師增員教室——同業增員不必怕

在服務業愈來愈熱門的趨勢下，只要有人主動提出想轉行的意願，很難不遇到被房仲公司、保險公司、直銷公司或其他業務公司增員。

在增員的生涯裏，我遇過無數次的同業增員，有時甚至有兩、三家同行都想增員同一人。

許多人遇到同業增員時，會先開口攻擊同業的不好，我採取的方法則相反，我用的不是批評，而是理性的分析，告訴對方：「只要你願意認真做，到哪家公司都能做得好，重要的是，誰才是能夠好好帶領你的人！」

增員的關鍵是現身說法，增員也要看增員對象的特質、不同的類型，要用不同的方法。

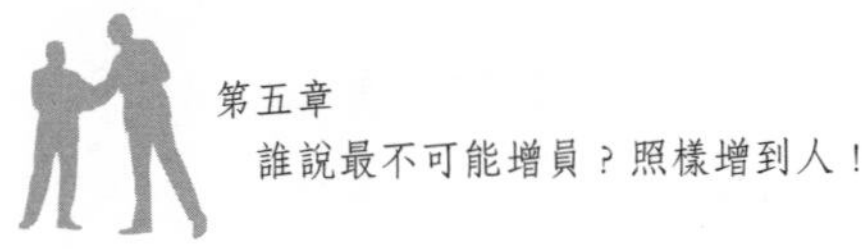

比如面對學歷比我高的人，我會將薪水收入和授獎的照片拿給他看，並說：「我沒有你的學歷、沒有你的背景、沒有你的知識，都能夠做到這樣子……」

接著，我會告訴他自己從事業務的故事，並說：「你先跟著我，如果覺得我不適合當你的師父，隨時想轉去其他同業都無妨，反之，如果你先到同業，別人不一定肯輕易放人。」

一位優秀的人才，還要用對方式增員，面對同業跟你搶人，不必害怕，把你的熱誠和優勢拿出來就對了。

讓白衣天使成為最佳代言人

常常看到醫院或診所中來來往往的白衣天使，每一位都忙得不可開交，你是否會有一種感覺——別說增員護士了，就連銷售的時間恐怕也沒有！事實可不然唷！

「認識」是增員的第一步，如何讓護士認識你？就靠你的習慣了！

我就習慣到某家耳鼻喉科看病，看著看著，曾有一回，我和護士C小姐聊了起來，當我告訴她「我在C公司上班」時，她竟然說：「妳的名字跟我一位朋友的太太一樣呢！妳以前在哪裏上班？」

「我在味全。」

「咦？那妳是吳春林的老婆！」

「是啊！」

「我認識吳春林十幾年，今天終於看到妳了，人家都說妳很能幹呢！」

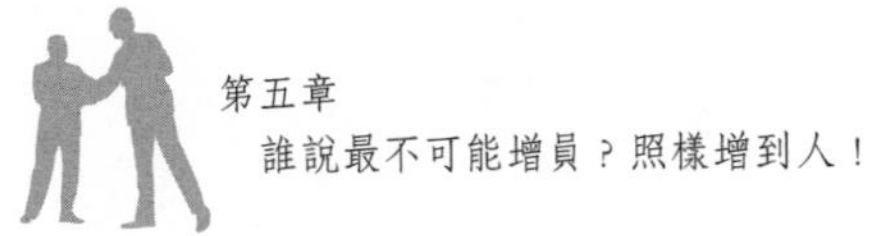

回到家後，我問起老公這件事，這才知道，該耳鼻喉科是老公的客戶，當時老公還在從事醫療器材業務。

「這樣就太好了，你陪我去增她。」我告訴老公。

「人家在醫院做得好好的，而且她以前在別家做過，後來陣亡了，怎麼可能再來做！」

「你就帶我去她家嘛！」

老公拗不過我，開始撥C小姐的電話。

「我家有客人啦！」或許C小姐已有預感我要增員她，每次都告訴我們，她家有客人不方便招待我們。既然這樣，心急的我乾脆到醫院增員，並說明來意。

「不可能啦！」C小姐當面回絕我，繼續說：「妳看，我每天早上十點上班，晚上九點才下班，不可能啦！」

「不然，妳就兼差嘛！」

「哎唷……以前都是我老公幫忙的啦……不然我試試看好了！」

「那麼，改天我去妳家找妳！」

當我終於順利走進C小姐家中，她竟然告訴我：「我說試試看是開玩笑的，我哪有時間！」

「開玩笑也要當真，妳就試試看，先從兼職開始！」我抓著她的話硬咬著不放。

C小姐被我增員進來後，因為有先前的經驗，對話術、專業知識並不陌生，加上主管們的鼓勵和幫助，業績也突飛猛進，三個月後就辭掉了護士工作。

屈指一算，C小姐已經從白衣天使，轉行成為業務代言人近二十年了呢！

用一萬塊改變一生

很多人聽到我的組織曾經高達兩千多人，都十分訝異，以為我從事業務工作一路都很順遂。其實，在一九八五年，因為父親逝世和「十信風波」的雙重打擊，我的組織幾乎瀕臨瓦解，從十三人脫落到四人，從每個月兩千萬元以上的紀錄，跌到四百五十萬元的新低點，讓我萌生辭職的念頭。

此時，我的主管卜經理，送了我艾科卡的《反敗為勝》一書，我的鬥志方才又再度燃燒起來。

重新出發的我，逢人必唸「增員心經」，只要是碰到的人，管他男人、女人、老人、年輕人，都對他們唸「增員心經」，我的經文是：

「我要拓展業務，需要人才，你幫我介紹一個人才，我給你一萬塊。」

上雜貨店買雞蛋時，我也不忘唸，沒想到有一次，雜貨店老闆娘明明白白回我一句：「哎呀！沒有人有興趣啦！」

老闆娘的話讓我作了反省，看到兩個半大不小的雙胞胎兒子在地上玩耍，突然心生一計。

隔天，我又來到雜貨店。

「老闆娘，我要幫兒子找奶媽，妳幫我介紹奶媽，如果奶媽進來我們公司，我就給妳一萬塊！」

重賞之下必有勇夫，聽了我的話，老闆娘果然幫我介紹好多奶媽，我從中物色了一位奶媽幫我帶孩子，當奶媽和孩子有了感情之後，我就把孩子抱回來，聲稱是婆婆要帶，這時，奶媽當然會捨不得，連「免費帶小孩」這句話都脫口而出。

這時候我告訴奶媽：「這樣好了，我有一位同學再三個月就要生了，妳先來我們公司當我的秘書，如果妳覺得不能適應，我再把妳介紹給同學當奶媽。」

就這樣，我把奶媽給「騙」了進來，接下來三個月，我不斷地陪同，讓她連喘氣、後悔的空間都沒有，除了睡覺之外，幾乎都陪在她身邊。

我的增員輔導哲學是——「寧願辛苦一個月，也不要辛苦一輩子」，我

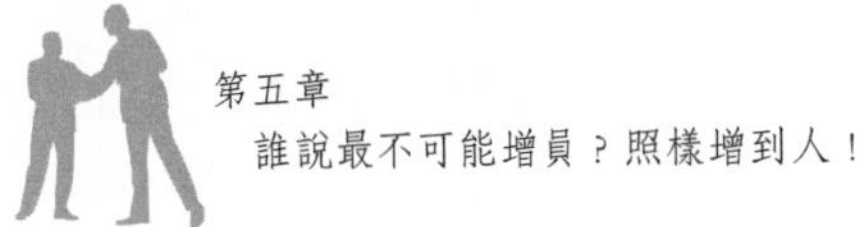

相信只要讓新人第一個月的收入不錯，讓她從做中學，就會對自己有信心。三個月之後，她從事業務所賺的錢比當奶媽多了四、五倍，很快就忘記帶小孩子的事。

我利用類似的方法，在五個奶媽之中，增進三位奶媽業務員。除了雜貨店之外，到醫院我也不忘請醫生介紹。幾天之後，醫生果然幫我介紹一位顧問，這位顧問又幫我增員，一下子增進了五位「明星業務員」。

這五位明星業務員又各增員了好幾位人才，當月有七千萬的業績，比以前的輝煌時期更燦爛，而這幾位明星業務員，日後都成為優秀的主管，也讓我在短短三年內順利地晉升。

每當回想起這一段增員故事，我總會以「一萬元改變我的一生」來形容，沒有當初一萬元的點子，現在的我究竟會如何，誰也不知道？

阿鳳老師增員教室——用「保證法」增員自卑型人

所有的增員類型中，自卑型的人可能沒出過社會；可能每個月領個兩、三萬的薪水；可能人際關係不好；可能是依賴丈夫過生活……增員他們時，必須比一般人更費心思，通常我會使用「保證法」，告訴他們：「我保證你成功，如果沒有成功，我請你當我的秘書，一個月三萬塊薪水！」

保證法非常有效，但是保證法也非常冒險，做不到承諾的人，最好不要使用，既然承諾，就一定要做得到。說真的，有時主管也會因為給了承諾，連帶鞭策自己要好好輔導，更加努力呢！

臨門一腳，特意塑造舒適環境

同樣是增員，為什麼有的人不能成功，有的人就能夠成功?差別就在於臨門一腳。

增員時的動作不一樣，結果也不一樣，有時候，增員者必須刻意塑造增員情境。

我的業務人員曾經增員一位家住新店、自恃頗高的大學生L小姐，好說歹說，對方終於答應來公司參加早會。幾次約好時間和地點，業務人員左等右等，仍然不見她蹤影，打電話到她家，她總是以「下雨天不方便」、「睡過頭」、「一早就要出門，好懶唷！」、「下一次再說」等各種藉口搪塞，讓業務人員傷透腦筋，不知道怎麼辦才好。

增員時很容易遇到「說不完的下一次」，只見樓梯響，不見人下來，令人沮喪。不過，這類型的增員對象遇到我，可就不一樣囉。

當我和業務員來到L家中寒暄幾句後，我開始針對她的特質讚美她：「L小姐，妳這麼有氣質，看起來非常有專業的形象，假如妳來我們公司，妳的客戶一定會很信任妳……未來是服務業的天下，尤其是我們這一行。」

我陸續分析公司的益處、遠景給L小姐聽，她終於從「不想做」改口說「可以試試看」。

「但是，我住在新店，離妳們公司那麼遠……」L小姐又陷入猶豫狀態。

或許L小姐是真心想要來，或許她不想來，面對她的猶豫，住在天母的我馬上告訴她：「沒關係，我也住在附近，我可以每天早上來接妳！」

天母和新店等於一南一北，為了增員，我只有犧牲睡眠時間，每天早上六點，我就得準時從天母家中出發，開一個小時的車到新店，有時到得太早，就在車上打個小盹，等到時間差不多了，才到L小姐家按門鈴。

「我要去上班了，妳搭我便車一起去吧！」我笑容滿面地和L小姐打招呼。

眼看人都站到門前，L小姐不跟我上車都不行。當她來到公司後，很快地被公司的熱鬧氣氛，和同事間的融洽感覺所吸引，我帶著L小姐到處跑，教她一些實務技巧，並告訴她：「妳覺得不適合就先做兼職，覺得適合再做全職也可以。」

一個星期後，L小姐覺得她很喜歡這份工作，準備要成為專職，於是，她在車上告訴我：「下星期一，再請妳八點來接我。」

「來，我帶妳到公車站牌，以後妳可以坐公車上班。」我將車子開到公車站牌附近。

「不要啦，我不要坐公車，我搭妳的便車就好了！」L小姐說。

此時，我才道出實情，告訴她：「其實我家住天母，不是住新店，為了怕妳不來，才騙妳說我住在妳們家附近……」

我的這番話感動了L小姐，她果然天天來上班，業績也做得非常好。

為什麼業務人員無法增她進來，而我就可以呢？因為，業務人員在增員時，只一味地告訴L小姐：「妳來啦，我們有講習、有說明會 opp，很精彩……」直接帶她來公司，而沒有塑造增員情境，因而產生了兩種截然不同的結果。

增員時，務必要製造出讓對方有想試看看的機會，否則，好端端地讓一個優秀的業務員跑了，不是很可惜嗎？

不放棄，增久了就是你的

劉備三顧茅廬得到軍師諸葛亮的幫助；國父革命十一次之後終於成功；我則花了十二年的時間，以耐心和毅力將T小姐增進公司。

T小姐是中年轉業成功的實例，她在一家很大的W公司待了二十五年，是W公司重要的會計人員，對財務稅收有獨到見解，甚至建立了公司的電腦連線制度。

一九八四年，我正要成立處單位，想增員T小姐，當時T小姐剛升任會計副理，並沒有轉業的打算；一九九一年，T小姐對工作感到有些疲乏，我見機會來臨，更加緊增員行動，建議她換個戰場試試看。

「妳在W公司也有二十年，乾脆做滿二十年就退休好了，這樣就是退休轉業，也不算中途轉業……做了那麼久的內勤，也該透透氣，讓自己換個環境。」

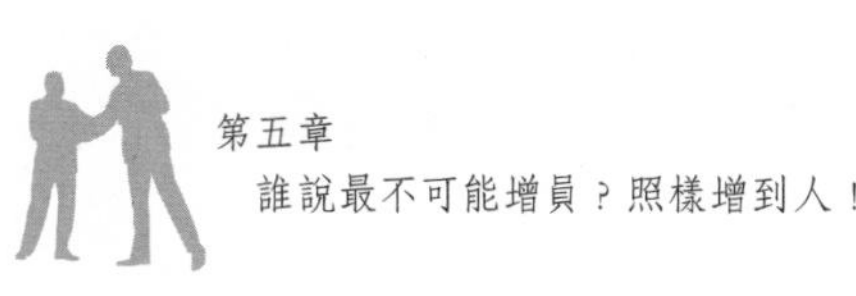

T小姐聽了我的話，雖然深表贊同，仍然希望做滿二十五年再退休。五年很快過去，算算時間，距離T小姐二十五年的W公司生涯就快到了，於是我又再度遊說T小姐。

「妳在W公司快滿二十五年囉，應該快換跑道……等到妳在W公司做到六十歲才想轉型時，已經不可能了！趁現在妳才四十五歲，到六十歲還有十五年的時間，絕對夠了！」

T小姐經過評估，覺得我的建議可行，也答應我來保險公司。從這天開始，一齣「六進六出」的戲碼正要上演。

T小姐答應我之後，隔天卻打電話問我：「你們公司有比較好嗎？我在W公司做會計很穩定，到你們公司做業務比較有壓力。太挑戰了！做不好要回家吃自己，我跟人家說要提早退休做業務，人家都說我是不是有病？」

T小姐的朋友認為她古板的個性，一點也不適合從事業務工作，私下甚至幫她取了一個叫「牧師」的綽號，但我認為，雖然她一板一眼，做人卻很熱誠、很實在，是位值得信任的人。

經過我一番勸說，T小姐方又答應要來公司走一趟。

隔天，同樣的戲再度上演。電話那頭，T小姐說：「我看，我還是不要去好了！」原來，T小姐的上司見T小姐有意求去，遂請她去接關係企業的財務經理。我告訴T小姐：「妳做了那麼久的會計，不會煩啊！為什麼不換一個新鮮的行業，讓生命多采多姿？」

「可是，我適合嗎？」

「妳絕對適合。一個人做人成功，業務就會成功，口才是可以訓練的，更何況妳是一個很有信用程度的人，憑著信用二字，就可以做業務了！」

「好啦，我會去辦退休！」這次，T小姐再度點頭。

在退休前夕，T小姐又告訴我：「我看我還是繼續做會計好了，大家都說我不適合做業務，還有人說要跟我合夥開公司，讓我管財務。」

「合夥開公司不但要負擔成敗，投資又不一定穩賺，像妳這種拚命三郎，一定會全神投入，又要從頭建立會計制度，不覺得累嗎？」

被我這麼一說，T小姐覺得有理，偏偏在她遞辭呈前，公司其他部門的經理又找她去談話，希望她能管理分公司財務，這番話又讓T小姐動心。

「只要是會計，妳都不能答應。」我告訴T小姐。

當T小姐終於遞出辭呈後，W公司的高級主管也找她談話，問她辭職後要去哪裏高就。

愛面子的T小姐說不出口，她怕話一出口，會被主管們笑。

「如果妳去的那家公司真的很適合妳，我願意放人！」主管告訴T小姐。

「Miss 莊，我講不出口耶，怎麼辦？」T小姐回頭問我。

「妳不會告訴主管，妳還在做選擇，等到敲定了之後再說……妳就告訴他，這是一家非常大、非常有遠景、收入非常高、時問非常自由的公司，是份愛什麼時候旅遊，就什麼時候旅遊的工作啦！」

紙包不住火，終於，W公司的同事們都知道T小姐要來從事業務工作，而且還是保險業務，紛紛笑她：「還以為是什麼大公司，原來是拉保險……妳不適合啦！」

同事們的否定，讓T小姐信心全無，當天她第六度問我：「Miss 莊，我已經不後悔地遞了辭呈要來你們公司，但是，為什麼大家都說我不適合？如果人家問我為什麼要放棄這麼高薪的工作，去做保險，我要怎麼回答？」

「妳不會告訴他們，妳想過一個自己能當老闆的工作，畢竟當別人的夥計，工作時間不自由……妳不是為了錢找工作，而是為了休閒時間找工作！保險事業自由自在，你想讓自己過一個浪漫自在的人生。」

這回，T小姐終於來到我們公司，剛開始時，她還是有些放不下。不久後，她發現，朋友們真的會因為她的「信用」而向她買商品，對自己的信心大增。

兩年後，我就幫她換跑道，讓她當主管，現在，T小姐的單位非常強大，短短五年的時間，就培養了兩個處，因為她懂得把會計、稅務和保險結合在一起，並舉辦專題講座，讓客戶覺得買了她的商品，就能學到財務知識，客戶介紹客戶、替她增員，組織也愈來愈龐大。

W公司的老同事們，很多人看到T小姐的成功，驚訝地說：「沒想到『牧師』竟然變得開朗又活潑，還賺那麼多錢」，其中三、四位同事更起而效法，提早退休，來我們公司上班，這股效益，是我當初在增員T小姐時始料未及的！

吵架也可以增員

某一年年底，大家莫不為了新年即將來臨而興奮。這天，我坐在辦公室裡，隔著玻璃窗，遠遠地看到一位打扮雍容華貴的中年婦女，氣沖沖地走向櫃台。

婦人來到公司後，指名找C襄理，只見倆人愈講愈激動，肢體動作愈來愈大，雖然我隔著一片玻璃，聽不清楚她們在討論什麼，但看那比手劃腳的模樣，想必情況不妙！

「妳好，我是這裏的經理，請問妳有什麼事呢？」我趕緊走出辦公室。

「妳們襄理叫我買這個規劃根本划不來，比外國的還貴，又沒有看妳們送東西……我要解約，我要把我先生所有的高額規劃解約……一年繳四十萬，簡直是『頭殼壞去』……」

「妳先別激動，慢慢說。」我試著安撫對方。

「我不在的時候，我老公不懂才跟你們買了這五、六張規劃，我愈算愈不對。」

原來這位H小姐在加拿大旅居六年，回國後，才知道在台灣開工廠的先生買了高額保單，精於投資的她說：「我把解約的錢拿去投資，都還比買你們公司的商品划得來。」

無論我怎麼向她解釋保險的意義，H小姐就是聽不進去，依然高喊解約、划不來，於是，我告訴她：「以妳投資這麼成功的人，當然會覺得划不來，不過，妳這麼有錢，將來也要為節稅做準備。我們為妳先生設計的商品，目的不在賺錢，而是節稅規劃。」

「划不來啦，我還是要解約！」H小姐依然堅持她的初衷。

「H小姐，妳放心，妳隨時都可以解約，不過，明天我們公司有相關的講習，講的剛好是專業知識，妳不妨來聽看看，等妳了解了以後，再來審查哪一張好、哪一張不好，哪一張需要修正，我們一定讓妳辦解約。」

就在我的半哄半勸之下，H小姐終於點頭答應。

第一堂課上完後，我又請H小姐上第二堂，就這樣，十堂課的講習結束

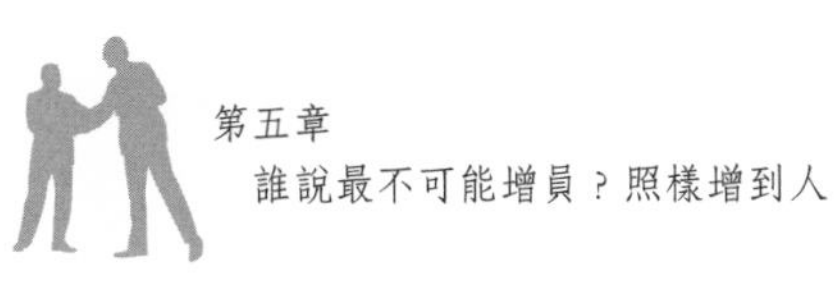

後，我問H小姐：「妳覺得哪一份規劃需要修正？」

「嗯……我覺得好像都還不錯，妳們公司的商品很棒嘛！」這次，H小姐的態度有一百八十度大轉變。

當我發現H小姐從排斥期進入認同期之後，我又趁勝追擊，進一步問她：「這麼說，妳是不是願意進來看看？妳那麼善於理財，一定可以幫助妳的朋友做理財規劃。」

「我哪有時間，我每半年就要回加拿大，一回去就一、兩個月，我哪有辦法？」H小姐立刻反駁。

「沒關係，妳回去的時候就請假。」

於是，我立刻請襄理拿出人事資料讓H小姐填寫，日後也陪同她談業務，當H小姐再度從加拿大回國後，我告訴她：「妳已經可以專職了。」

「可是……」H小姐仍然猶豫。

「如果妳一個月收了三十萬的費用，妳就有這麼多的收入……」我將薪資制度告訴H小姐。

H小姐得知給薪方式之後，原本懷疑的語氣，也轉為和緩：「經理，我給妳個面子啦！本來我是要來解約的，既然妳那麼有誠意，我就做滿一年，在我人生的旅途上留做紀念……反正我不缺錢，又要常回加拿大，我先生也不希望我來，一年後，我就不要做了。」

自從專心從事業務之後，H小姐第一個月真的破千萬，之後果真月月創新紀錄，業績一路飆升。

十個月過去，H小姐萌生辭意，她告訴我：「經理，我已經對妳有交代了，我做到這時候就好了。」

「妳既然做到這麼好的成績了，妳就天天來幫我們打氣好不好？我知道妳不缺錢，只要妳天天出現在公司就好了。」

聽我誠懇挽留，H小姐想了想又告訴我：「我再做一年就好了，我的小孩都跟我抱怨，說我一回來台灣就待好久……」

聽到H小姐願意再留一年，我感到非常高興，在我眼中，H小姐是一位極具業務個性的人，她榮譽心強、企圖心強、說到做到、膽識夠，更厲害的是，她非常擅長一次就 close。

話說，H小姐去參觀家具展，見到一位參觀者想買某家廠商的家具，偏

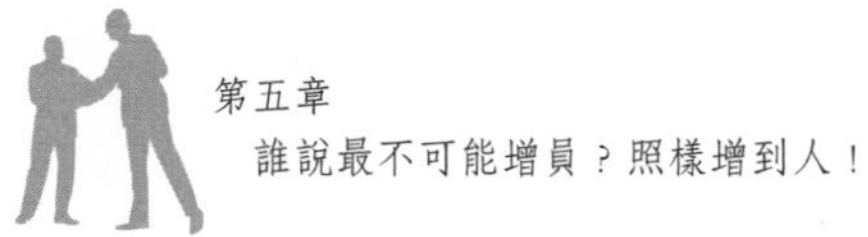

偏家具行的老闆不知道跑去哪裏，此時，H小姐告訴這位客人：「你先留下姓名電話，待會家具行老闆回來，我再幫你連絡。」

當家具行的老闆出現後，H小姐馬上將這個消息告訴他，事後果真促成這筆生意，讓家具行的老闆感謝得不得了。H小姐見機不可失，大膽地說：「老闆，我們交個朋友，我在○○公司上班，為了要創新紀錄，能不能請你成全我，幫我介紹客戶……」

「我考慮看看。」老闆一臉猶豫。

由於家具行老闆家住台南，家具展結束後，H小姐馬上寫了一封文情並茂的傳真到台南，並打電話給老闆娘，讓她不致於對H小姐懷疑。幾天後，H小姐親自到老闆家中拜訪，與老闆娘相談甚歡，當天馬上簽了一千萬元的規劃。

從吵架到增員，甚至增到這樣一位月月破千萬的戰將，如此大逆轉變化，是我始料未及，不過也說明了一件事——只要有心、有誠意增員，「化干戈為玉帛」這句話就能成真！

就是要反增員

從事業務工作，很容易遇到同行或其他業務行業推銷或增員，此時，我最常用的一招就是「反增員」。

有一天，我接到以前的老同事打電話來，她在電話那一頭說：「我現在在賣靈芝，很棒喔，妳要不要買？」

「好啊！不然妳來我們公司找我！」

與老同事敘舊、買了靈芝之後，我抓住機會問她：「這一盒靈芝四千八百元，妳可以賺多少錢？」

只見她說了一個數字，接下來開始滔滔不絕地講公司的制度、福利等。

「這樣子賺錢太慢了，不如來我們公司上班，我們公司的商品和靈芝並不衝突，我們可以相輔相成。」

她果真來了！

說真的，我和這位老同事可說是各懷鬼胎──我想增她進公司，她想利用我的人脈、組織賣她的靈芝，結果如何呢？

「妳每天來參加早會，看看我們公司的商品比較好，還是賣靈芝比較好？」我讓老同事選擇，而她想一想，也答應來公司兼差試試。之後，我進一步要求她每天都來參加早會。

在早會上，她看到每位同事上台報告高薪水數字，又看到大家都很快樂，日子一久，就棄靈芝專心地來我的單位，而我，也成功地「反增員」！

對於任何業務人員，我採取的是先接受的態度，取代一味地批評、反對，接著以互惠的方式誘導對方進來，通常，對方不是成為我的客戶，就是被我增員進來。

如果一時無法增員，也可以成為朋友，畢竟人生還很長，一時增不了，並不代表永遠增不了，多一個朋友總是比少一個朋友好。

從兼差到正職的激將法

當你發現組織中，有人明明可以讓業績更好，但這個人卻不是很積極時，該怎麼辦？

不缺錢、身為多家企業股東的甲，當初是因為太太先來從事保險，遂在太太的「曉以大義」與半強迫下，拿到了保險經紀人的執照，因此，甲在公司出現的機率並不高。

雖然很少看到他，但只要他出現，就會讓人留下深刻印象，尤其是他那充滿自信的眼神、豐富的肢體語言，再加上「隨便做做」就有不錯的業績，擺明是一塊超級業務人員的料。

偏偏，甲對這行業並不熱衷，我想了很久，到底要用什麼方法激發他心底那股潛力呢？

一九九八年四月，保險業正式納入勞基法，我心想，機會來了！

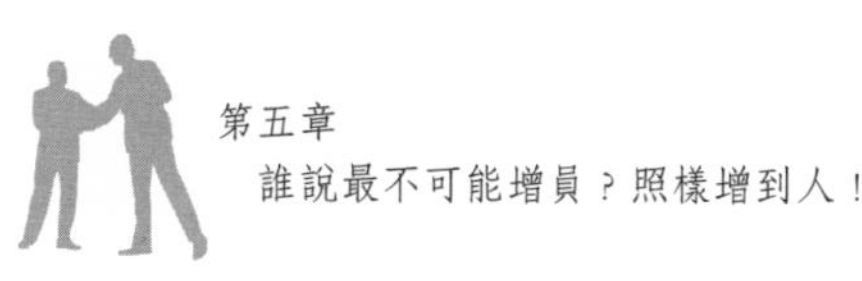

「實施勞基法後，如果曠職三天，就會被解聘。」我告訴甲，為了不被解聘，甲不得已只好每天來打卡、參加早會。

「這是什麼幼稚園早會？我一個大學畢業生還要聽這無聊的課？我可以不用參加早會嗎？」第一次參加早會的甲不屑地對我說。

「坐下來慢慢聊。」我開始拿出看家本領，藉著聊天深入了解甲的個性：自尊心強、好勝心強、行動力強、表現慾強、企圖心強，外加桀驁不馴的特質，讓我決定從他太太談起。

「其實，你們夫妻倆如果一起努力衝，延伸出來的附加價值可是不得了！」我說。

「哦？有什麼附加價值？」甲開始好奇。

「第一，你可以開拓更多人脈。第二，把這些人脈結合你現在的專業，再加上你以前的工作專長，哇，真的不得了！」

我開始替甲勾勒出一幅很棒的藍圖，並三不五時地誇讚他，最後，再把自己的故事告訴他。

「對了，還有一項最棒的附加價值。」我笑著說。

「是什麼？」

「當你有了一定的成績後，就會有很多人找你演講，既可以發揮你的口才，又能夠拿演講費，多棒！」

聽到此，我發現甲的表現慾和企圖心已經完全被激發，他臉上盡是充滿著對未來的期待，於是，我使出最後一招殺手鐧，告訴他：「你如果不願意專職、不願意天天來上班，我雖然覺得很可惜，也只能幫你改成兼職，你覺得怎麼樣？」

「好吧！我來就是了。」甲勉為其難地說。

此後，他果然比別人加倍努力地談業務，不管是認識的、不認識的，只要是他的目標，他一定勇往直前。尤其陌生拜訪是他的拿手，有時甚至看到報紙上報導某某人，他就會想辦法見到這個客戶，自我推薦，果然得到很大的收獲。

阿鳳老師增員教室——增員十大問話

剛開始作增員的人，不曉得該從何處切入，通常我會連珠炮地問增員對象下列問題，問到他沒話說時，趁機告訴他：「你來我們公司，這些，我們公司都有。」

這些問題是：

一、有什麼行業可以讓你一個月賺五萬、十萬，甚至更高，而不需要負擔風險？

二、有什麼行業是在你工作能力提昇時，收入和報酬也可以馬上增加，而不需要看別人的臉色？

三、有什麼行業能夠讓你在不久的將來，領導二十人、五十人甚至更多？

四、有什麼行業可以讓你的升遷決定於自己的努力，而不是依靠人事背景？

五、有什麼行業能夠讓你成功的速度變快？朋友三年才拿得到的薪水，你用一年就可獲得？（以我為例，我在業務領域一年的薪水，是在內勤時八年的薪水。）

六、有什麼行業能夠讓你迅速擴展人際面，建立社會地位？

七、有什麼行業能夠讓你幫助更多的人，利人又利己？且這項商品對自己有好處，也對別人有好處。

八、有什麼行業能夠讓你依照自己的意志和計畫工作，不需要聽人使喚？要用什麼方式對待客戶是自己決定，做業務非常的自由。

九、有什麼行業是不需要具備老闆的條件，就可以做老闆的事？做老闆要付薪水，但從事業務不需要付別人薪水。

十、有什麼行業能夠讓你很清楚的看到明年的成就、後年的成就，甚至十年後，對自己的未來可以非常清楚的掌握？

把另一半增進來，夫妻一條心

很多主管不贊成辦公室戀情，有些公司甚至明文規定，夫妻不可在同一個公司上班。對於業務這一行來說，不一定是這麼一回事。

「男女有別」，不論是銷售或增員，有的場合由女性開口較適合，有的場合由男性來講比較好，夫妻一起從事業務工作，就有這種互補的好處。

我的老公在從事保險業之前，做了十五年的醫療器材，既是老闆也是業務，收入還不錯，我從來沒有想過要增員他進來保險業。沒想到，卻被組織中的大將S夫妻倆設計，把我老公「騙」進來。

首先，S先生把他的薪水袋拿給我先生看，並說：「這個工作真的好輕鬆，不但收入好，時間又自由！」極力想將我先生增員進公司。

另一方面，既然S先生都進公司了，我也不好意思不讓自己的先生來，因此，當先生告訴我：「S太太和她老公想叫我到你們公司上班」時，我也順勢告訴先生：「你就把醫療器材交給小叔，來保險公司好了！」

我老公進保險公司後，隸屬在S先生那一處，一直都很內向的他，竟然出乎我意料，開始會找話題聊天，每天快樂似神仙，像換了一個人似的，很快地，他在兩年後也成為處長（主管）。

有一次，我先生甚至當著保險公司同事的面說：「我很氣我太太，保險這麼好，她卻那麼自私，都不早一點叫我進來。現在，我才發現做保險的好處很多，不但有趣，時間也自由，還可以跟客戶聊天，又不需要本錢和風險，比做醫療器材好，而且每天來到公司，有那麼多的美女同事！」

曾經有很多人問我：「老公變成了妳的部屬，他會不會心裏不平衡？」

「他做他的處長，我做我的經理，自己做自己的工作，不但不衝突，說話也更有交集。而且我們每天回家後都累了，根本沒有吵架的力氣，夫妻感情變得更好。」我回答。

夫妻倆一同進保險公司，不但可以把保險當做事業來做，也因為對工作的認知相同，而懂得體諒對方、包容彼此，何樂而不為？

第六章

做一個讓增員對象喜歡的人

增員是否成功，跟對方喜不喜歡你有很大的關係，從現在開始，讓自己成為一個增員對象喜歡的人吧！

從增員對象的親朋好友下手

有時候，增員不一定要說服增員對象本人，可以從增員對象的親朋好友下手。

U小姐原本在一家大公司上班，靠著知名大學外文系畢業的學歷，跳槽到另一家公司當秘書，月薪四萬元。她的先生是電腦公司的總經理，收入也不錯，算是人人羨慕的家庭。

當我第一次向U小姐提出「來我的公司做業務」的想法後，她的立即反應是：「不！」也難怪，三十年前，大家對保險的認知並不好，堂堂外文系畢業的大學生來做保險，當然有失面子！此外，她覺得四萬元的收入很不錯，不需要到我的公司上班。

若以個性來說，她是一個有些內向、溫柔婉約、形象很好的女性，雖然做人成功，卻很怕壓力又放不下身段，對業務員的工作也沒有興趣。

U小姐陸陸續續說出一大堆拒絕的理由後，我只告訴她一句話：「妳說的我都了解。」

增員要抓住關鍵，U小姐的拒絕理由都能成立，但是在談話過程中，我發現幾件事：

一、她對現在的秘書工作有倦怠感，想辭掉工作，在家休息一陣子。

二、她現在的公司不大，同事不多。

三、她認為現在的工作很忙，有時候要陪主管應酬，沒有充裕的時間接小孩下課。

四、她先生對於她的工作也頗有微詞，認為工作再怎麼忙，也不應該影響孩子和家庭。

於是，我不急不徐地告訴U小姐：「做保險最能配合妳的時間，妳可以白天做保險，下午接小孩，時間都由自己做主。」

其實，我原本並沒有抱著增員她進公司的心理，只是順著她的抱怨說說罷了，但是既然有機會增員她，我就會堅持到底。

於是我打電話給U小姐：「我們公司明天下午有新人講習，妳來聽聽看！」

「不好啦，有保險我會幫妳介紹！」U小姐急忙拒絕。

放下電話，我一刻也待不住，立刻拎著皮包衝到她家按門鈴。巧的是，U小姐的先生也在家，見到她先生，我馬上使出渾身解數，說服她先生。

在與她先生談話中，我發現U小姐的老公不但外向樂觀、積極、懂得交際，口才也很好，是一位非常有業務個性的年輕企業家。

「你看，我的條件都不比你太太好，可是我能夠做到現在這個位置，如果她來保險公司上班，我保證她一個月賺到二十萬！」看準了U小姐的老公這條人脈，我誇口U小姐一定可以在保險業務做的很好。

「二十萬？不錯喔！好，我支持我老婆！」只見她先生二話不說，轉頭告訴U小姐：「老婆，妳去做，我幫忙妳！」

「是啊，妳就來試試看，失敗了也不會死人，就當做來玩，交交朋友吧！」我也在一旁敲邊鼓。

U小姐就這樣進來保險公司，讓人驚訝的是，經由她老公的介紹，U小姐第一個月就創下了五千萬的業績，用獎金買了一部車子。

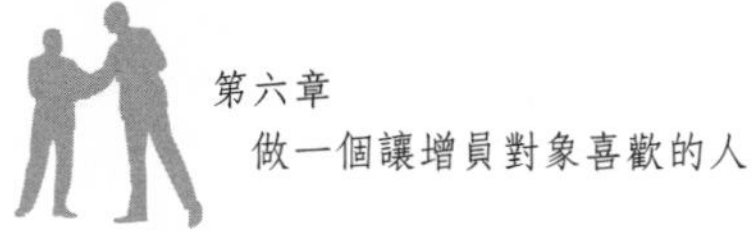

從此以後，她每個月都賺二十幾萬，是我單位中的明星業務員，以專業形象和氣質取勝的U小姐說：「來到這裏，我最大的收獲，是認識了許多好朋友及大客戶！」

不斷追蹤，煮熟鴨子就是你的

早會才剛結束，有約的業務人員莫不加緊腳步出門會見客戶，辦公室裡，只剩寥寥無幾的人員拿著電話和客戶約時間。

鈴……鈴……

電話聲響起，同事甲接起了電話。

「你好，我想買意外險。」打電話來的，是陌生客戶S太太，她說兒子即將到外國留學，所以想幫兒子保意外險，主動打來公司詢問。

甲聽了之後，認為機不可失，雖然只是意外險，也要把握機會，親自登門將保單拿給S太太。

「S太太，妳若要買意外險，不如買終生壽險。」甲向S太太建議。

「也好！」S太太很快的答應。

一回生、二回熟，和S太太聊天之後，甲得知S先生是一家代書事務所

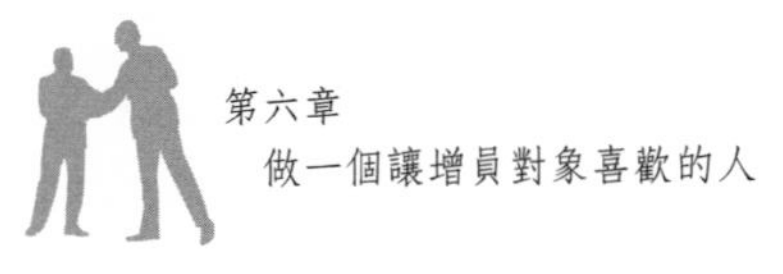

的老闆，認識的企業家很多，遂萌生增員S太太的想法。

「我覺得妳很不錯，想不想來我們公司上班？」

「怎麼可能，我要在事務所幫忙，每天都忙得要命！」

S太太多次拒絕甲的邀請，甲見S太太拒絕得有理，就放棄了增員的想法，不再繼續追蹤。

事情就是這麼巧，有一次，同事乙到基隆參加一個佛教活動，當他和同來參加活動的人聊天時，意外遇到一位婦人開心地說：「我是你們的保戶耶……」

婦人向乙同事問了一些公司制度方面的事情，最後告訴乙：「最近我先生想要買高額保險，所以我想，我乾脆自己做這個 case 好了！」

在乙同事的引進之下，她就這麼進來了保險公司。這位婦人不是別人，正是丈夫開事務所的S太太。

S太太來到保險公司後，從丈夫的保單做起，接著開發丈夫的客戶，愈做愈有心得。

日子一天天地過去，過了半年後，S先生突然問太太：「保險真的那麼好賺嗎？」

原來，在S先生固定參加的一個團體中，有一位開賓士、號稱年收入千萬的會員，這位會員，剛好就是保險從業人員。

「你就進來試試看嘛，憑你的智慧和那麼多年累積的客戶，一定可以的！」S太太見先生對保險產生好奇，遂鼓勵他加入。

經過一番評估，S先生決定加入業務工作，他深知專職才能做得好的道理，在加入我們公司時，就毅然決然地將開了十幾年的事務所收掉，成為一位專業的保險理財顧問師。很快地，短短四個星期內，就收到五百萬元的保費。

這個故事告訴我們，即使是你的保戶，也可能成為別人的業務人員，所以，別以為拒絕你的，就會永遠拒絕你，增員者一定要持續不斷地追蹤，不管對方有什麼理由。否則，就會像這個故事中的甲一樣，平白錯失了兩位高產能的業務人員！

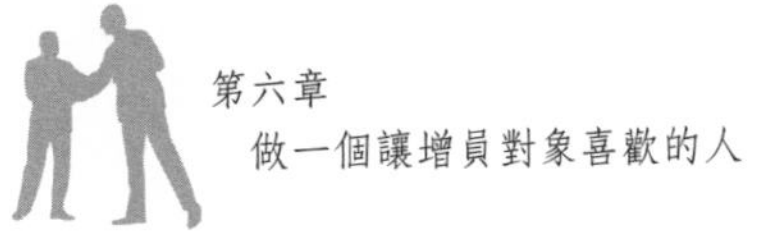

無壓力增員法，讓你快樂增員

現在流行「逆向思考法」。在增員的過程中，常常會碰到一些對象，說什麼都不願意來參加早會，此時，增員者不妨逆向思考——既然增員對象不來，何不主動到他家做說明會？

我有一位業務人員W先生，就是利用「客廳即教室」而成功的典範。「要不要到我家來喝茶！我們公司的經理會來我家開說明會，來聽聽看嘛，多一個兼差的機會也不錯，有興趣再做，沒興趣就算了！」W先生總是親切地招呼同事、鄰居和朋友，大家抵不過他的熱情，紛紛前來參加。

我自己也曾經使用過「客廳即教室」的方法，經驗告訴我，這個方法對公務人員、銀行、金融界等從業人員最適合。

我的國小同學S，在某大銀行擔任放款業務，他的人際關係非常好，許多生意人都找他貸款，我常想：「如果能找他當顧問，不知道有多好？」

於是，我開始向S招手，請他當我的顧問，我告訴他：「人在人情在，有關係不用，等於沒關係，而且，你可以藉此看看誰對你是真心的！」

S同意我的話之後，有時他去客戶公司，會找我一起去，有時則告訴鄰居：「我有一個同學在保險公司上班，她星期天要來我家開說明會，你們來聽聽看！」

接著，S照我教他的，拿出薪水袋告訴大家：「你看，這就是我兼差的薪水！」

鄰居、同事們看了都好奇地問：「兼差可以賺那麼多錢……像你那麼高級的主管都在兼差，我也要聽聽看兼差是怎麼一回事？」

在說明會上，我通常會談一些保險功能、意義、理念，利用保險理財、生涯規劃，和社會時事融會貫通，並現身說法，談一些成功的案例。呈現我專業的形象，並不強迫前來參加說明會的人投保、增員，而是讓他們心甘情願。

「客廳即教室」的執行方法不外乎兩種，一是星期天邀幾個朋友在你家的客廳；二是親自到他家去，請他左鄰右舍來，然後做說明會。

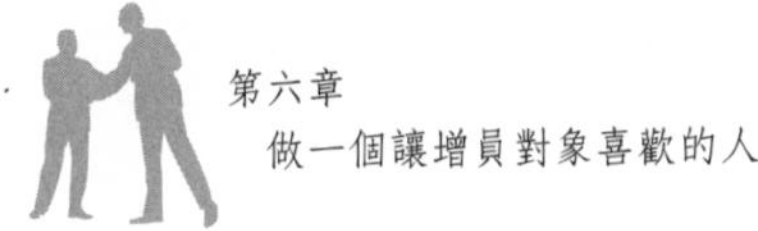

不管用那一種方法，我都會準備禮物，到別人家裏，我會帶個小東西去，比如小孩子用的水壺，或印有公司標誌的帽子、圍裙，甚至一盒雞蛋……等，如此一來，增員對象每次煮雞蛋時就會想到我。

「客廳即教室」是主動出擊最有效的方法，下次，如果你覺得請人家來公司談保險，人家會懷疑、會害怕時，不妨改為主動到他家現身說法，用輕鬆愉快的氣氛，化解對方心中不安，說不定還可以增員增全家呢！

善用職場魅力增員

對於業務人員來說，早會是一天開始的強心劑；對於增員者而言，早會更是增員一項利器。

在單位中，我總是不斷地要求業務人員帶準新人來公司參加早會，為的就是利用早會的魅力來吸引新秀。

既然早會扮演著增員的重要角色，那麼，早會的內容便不能忽略。在早會中，我總會精心策劃專題演講，有時請公司業績超強的人員來分享心情，有時外聘教授來演講投資理財、股票分析、服裝禮儀，不一定得侷限在保險上面。加上摸彩、賓果、新人比賽……等活動，兼顧了趣味性、知識性與溫馨氣氛。

早會的魅力在哪裡呢？

一位新人屬於方方正正古板傳統型的人，被我稱呼為「介高尚」。她剛

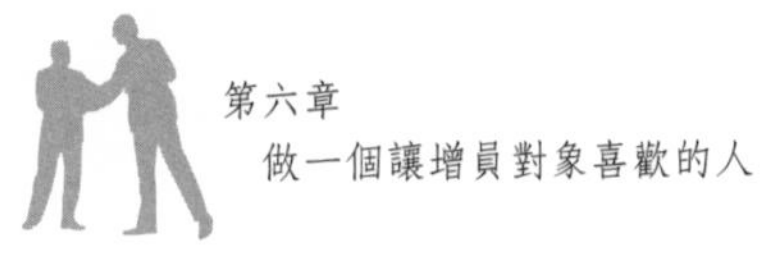

來參加早會時，聽到我們放著活潑熱鬧的音樂，都會抱怨：「吵死人了，你們音樂轉小聲一點啦，好像股票市場一樣，真沒水準，吵死了……」

人是會改變的，現在，她不但是位活潑、幽默的人，連對音樂的看法都不同了。當初為了怕吵，把她的位置安排在最後面，沒想到，現在她會說：「音樂太小聲了，沒聽到，大聲一點嘛，幹嘛那麼小聲！」

可見早會對增員的魅力有多大。

除了早會內容要吸引人之外，公司中既有人員的情緒也很重要。通常，我會帶動歡樂氣氛，讓大家多笑，試想，如果一位準新人參加早會後有意願來做從事銷售，卻看到公司內部人員的臉色沒有一點光彩、不會笑，他怎麼敢來？

此外，「學會稱讚」也是早會的意義。真正的行銷人員，一定要懂得讚美別人，不論是銷售或增員，只要懂得從對方的優點來讚美，不但會贏得客戶的心，也會談成生意。

一個人最害怕的是不喜歡自己，唯有喜歡自己才會有勇氣去打拚；有勇氣去賺錢；有勇氣去談業務；有勇氣去交朋友；有勇氣增員。

早會真正的意義，就是對所屬人員讚美，藉以讓大家學會如何稱讚別人，讓早會不再流於虛設，而是一場魅力十足的活動，氣氛到哪裏，業績就到哪裏！

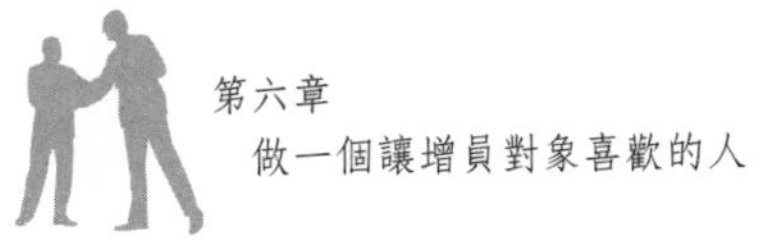

從客戶中增員

顧問可以變同事，客戶當然也可以。如何從客戶之中增員？這得從客戶服務說起。

每個月，我會邀請跟我買商品的朋友齊聚在一起，辦一次小型客戶聯誼會，每隔三個月，我會辦一次大型聯誼會。遇到大型聯誼會，我會請外面的教授專家來演講，小型的聯誼會則是由我親自演講，我常稱之為「一小三大客戶顧問聯誼會」。

聯誼會中，不但能了解客戶的新動向，也能從客戶的口中得到新訊息，進而和客戶們連絡感情，並為客戶解說商品，客戶有問我必答，不但維持續買率，也增加客戶的向心力，我的客戶別人怎麼挖都挖不走！

此外，我也會為客戶們「辦活動」，小如烤肉、近郊野餐；大如國內外旅遊。我們每半年就會辦一次旅遊，邀請客戶自費參加。在旅遊中，我們會把客戶照顧得很好，讓客戶們覺得當我們的客戶非常值得。旅遊結束後，客戶的回饋也跟著來，不是再買商品，就是來參加早會、從事銷售工作。

有時，我會針對客戶舉辦卡拉OK大賽。比賽前，我會和評審們先講好，要將獎頒給還未從事業務的準新人或客戶，這麼做的目的，是要增人來從事業務或讓他們買商品。只要是新人、客戶，不管是不是唱得很爛，分數都會被打得很高，反而是自己人，無論唱得再好，分數都被打得較低，讓客戶開心，也就會有信心。

為了讓客戶再度來到公司，我會在大賽中宣布「今天不頒獎」，請得獎者下次再來領獎，客戶為了領獎，就會來參加早會，慢慢地，客戶也會從「絕不做推銷員」，漸漸地被「釣」來從事業務工作啦！

幽默感，是拉近距離的妙招

某天我在洗手間時，甲業務員躡手躡腳地跟著我進廁所，輕聲的告訴我：「部長，我有一個準新人小芳，想請妳幫我增員，妳願不願意？」

「當然好啊，什麼時候？」

「可是，妳不要讓我們主管知道，好不好？」

「增員是好事，為什麼不讓主管知道？」

「我怕他會不高興。」

「好吧，我就不要告訴你主管。」

聽到我答應，甲這才鬆了一口氣，高興地說：「部長，下個星期我會跟她約在速食店喔！」

「好，我會把時間空出來，不過，我得先知道她是怎麼樣的一個人？」

所謂「知己知彼，百戰百勝」，知道準新人的個性，才好因材施教。

「小芳很漂亮，在上市公司當老闆的特助，很有權力也很傲，要不是她的公司有財務危機，她也不會被我說動來考執照。」她接著說：「可是，她對我們公司的商品很不屑。」

「沒關係，反正就當多認識一個人，你可以先拿我以前受訪的報導和出的書給她看，再說要介紹我們認識。」

小芳看了我的報導後，果然對公司的商品不像先前那麼排斥，在甲的安排下，我和小芳見到第一次面。

「這位就是莊部長。」甲介紹。

「妳是莊秀鳳？」小芳一臉疑惑地看著我問：「怎麼跟書上的封面不像？」

「唉唷，都是攝影師把我拍得太漂亮了！」我笑笑。

小芳的開場白，讓我知道她是一位直言直語的人，接著我開始與她隨意交談，從我閱人無數的經驗中，只要短短幾分鐘交談，我就可以抓住一個人的個性。

幾句話下來，我感覺小芳的自尊心很強，又重面子，是那種寧可餓肚子

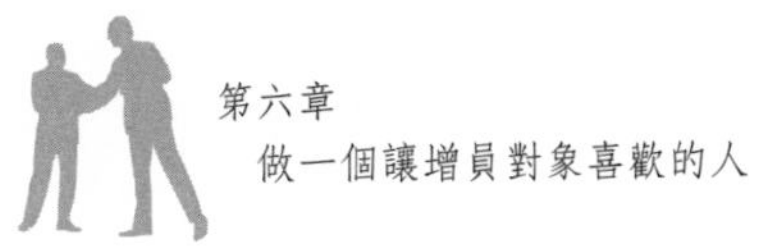

也不要向人借錢吃飯的人。於是，我開始進入正題：「不管從事什麼行業，如果你已經可以預估未來沒什麼遠景，不如趕緊轉型，愈快轉型就愈快成功。」

接著，我將自己過去轉型成功的故事告訴她：「三十幾年前，我那些舊公司的同事，對於我來保險公司非常不屑，但三十幾年後，這些同事幾乎都遭到遣散的命運……妳想想，我的舊公司是如此大規模的公司，誰會想到它竟然也有被併購的一天？」

對於我說的，小芳聽得一愣一愣，她好奇地問：「難道，妳沒有增員這些同事嗎？」

「當然有囉，可是因為她們年齡都大了，有的人體力比較不好，有的愛面子不來，有的雖然很想做，卻超過五十歲了，公司有一些年齡上的限制，很可惜。」

然後，我又告訴小芳，單位中有秘書轉行變成超級業務員的例子：「做業務不但空間大、時間有彈性，還有更多時間旅行，不像在公司當內勤，想請假都很難。」

聽到時間有彈性、有更多時間旅行，小芳的眼睛馬上發亮，這個回應表示她已經非常心動了。

於是，我提出另一個重點，告訴小芳：「未來是多角化經營，誰說一個人只能做一份工作，妳先進來試試看，就算不做正職的也沒關係，而且……」我拿出公司密密麻麻的課程，告訴求知欲很強的小芳：「光是這些免費的課程，妳就賺到了！」

就在我的說服下，小芳參加了公司的課程，也覺得找到人生的新方向，便將原本的工作辭掉，全心全意地從事業務工作，第二個月就領了將近二十萬的薪水，是她原本薪水的三倍！

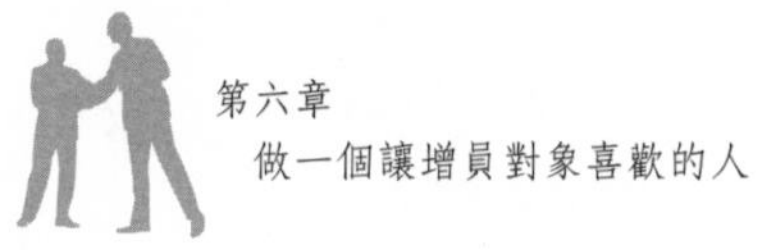

阿鳳老師增員教室——增員的哲學與技巧

增員是一門大學問，在增員之前，增員者必須建立起正確心態，不要把利益看得太重，而是以投資的觀念，用心栽培新進人員，對於新人的問題，必須耐心地輔導與解釋。

增員絕對是組織的命脈，增進新血輪，可以立即解決經營的困難。隨時培養增員的喜好，再練成真功夫，並成為「習慣化」、「行動化」，就等於「一技在身」，終身受益無窮。

增員的基本步驟：

一、人才發掘與認定

準新人多半來自於別人介紹、原保戶增員、親朋好友、機緣認識、直衝、地區性增員、辦活動增員等六個方式。

很多新人做不到三個月就陣亡了，因此，增員也要重質，較適合從事業務的人員特質有：

- 正直、有責任感者
- 有惻隱之心，有團隊歸屬感者
- 見識廣博、穩重成熟者
- 好強者、榮譽感重者
- 有時間與金錢觀念、做事有效率者
- 願意接受指導者
- 認識 DISC 個人行為模式者。

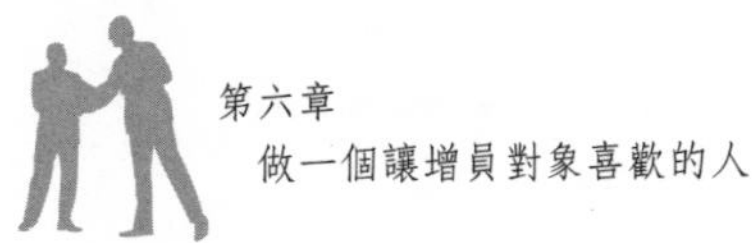

DISC 行為模式

掌握型（Dominance）	影響型（Influence）	穩定型（Steadiness）	謹慎型（Conscientiousness）
接受挑戰	熱情活潑	做事可靠	注重分析
解決問題	喜歡群眾	忠誠度高	強調精確
立即結果	口才流利	耐心十足	確保品質
快速直接	擅於激勵	擅於傾聽	評估風險
喜歡速戰速決	喜歡說話稱讚別人	喜歡和諧被人接納	喜歡理性冷靜
討厭被人管	討厭繁文縟節	討厭變來變去	不擅長表露情感

〈註〉DISC 行為模式是企業廣泛應用的一種人格測驗，用於測查、評估和幫助人們改善其行為方式、人際關係、工作績效、領導風格等。

二、加強心理建設

增員時，一定會面對增員對象各式各樣的問題，回答問題時，不但要有技巧，更要注重坦誠，使增員對象對該行業產生信賴感。

為了做好上述工作，自己需要準備：

・加強正確的行業觀念，增進增員對象的信心。

・增員者本身一定要熟練增員話術，對於拒絕處理能應對如流。

・增員時，可提供佐證資料，讓增員對象對公司有信心，並引起他的興趣。佐證資料如理賠實例、個人獎狀、薪資證明、佣金收入、經營手冊、壽險執照、單位同事合照、家庭生活寫照、福利待遇、行業法規、公司課程等……

三、導入

一旦增員對象產生興趣，可邀對方來參觀職場、參加早會、參加單位活動，運用團隊力量吸引對方加入。

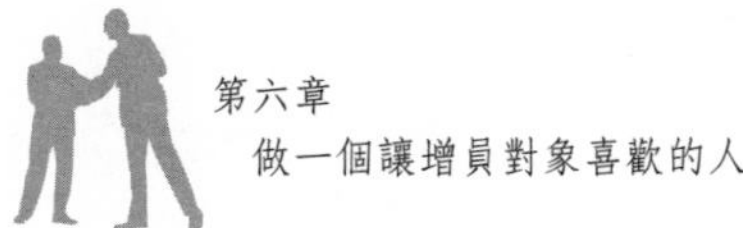

四、九週陪同計畫不能少

為了使新進人員能在最快的時間進入狀況，主管可以九週為期，展開陪同作業。（如下表，空白處即不需陪同）

	星期一	星期二	星期三	星期四	星期五	星期六	星期日
第一週	陪同	陪同	陪同	陪同			
第二週	陪同	陪同	陪同	陪同			
第三週	陪同	陪同	陪同	陪同			
第四週	陪同	陪同	陪同				
第五週	陪同	陪同	陪同				
第六週	陪同	陪同	陪同				
第七週	陪同	陪同					
第八週	陪同	陪同					
第九週	陪同	陪同					

第七章

增員成功後，這樣做！

終於，你將新人增進了公司。接下來就沒事了嗎？錯！增員成功，只是第一步，接下來更重要的事，就是留住新人。

本章中，我提供七個最重要留住新人的方式，就算你是新手主管，也可以依樣畫葫蘆照著做喔！

留人第1招——預防勝於治療

「預防勝於治療」——留住新人的動作，絕不能從新人來到公司才開始，否則就慢了一步。

很多新人進到公司之前，都會懷疑的問：「公司好嗎？會不會騙人？」、「主管會不會讓我成功？」、「公司的產品比得過人家嗎？」

在新人還是準新人階段，主管就要提前為他們做好心理教育，給予準新人「空的思想」和「兩儀」的觀念。

「空的思想」是要求新人把自己當做一張白紙，不要有任何的雜念和成見，對公司要專一、專心，認定自己的公司是最好的，自己的主管是最棒的，公司的商品是最豐富的，絕不能滲入一丁點懷疑。一旦沒有懷疑的態度，才能完全投入，專心吸收學習。

經營業務事業必須要有長久計畫，不是三天捕魚、兩天曬網。新人有了

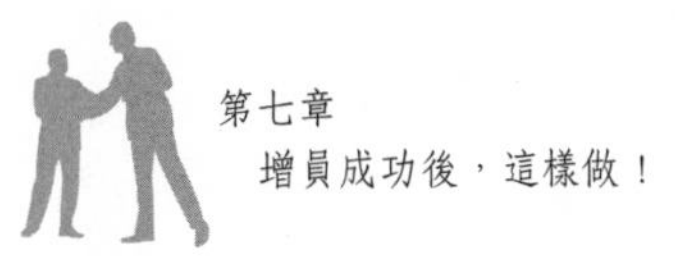

空的思想，將自己完全交給公司和主管，不留後路，才有機會成為一位頂尖的業務人員。

「兩儀」指的是外在表現和內在想法，行銷業務人員的外在是謙虛、溫柔、婉約、端莊，說話是輕聲細語；內心則必須有著剛強、極端、霸道和「一定要成交」、「不成交，不罷休」的決心。

我曾聽過這樣的作法，有一位新人因為不好意思談商品，便告訴準客戶：「我現在才剛進公司，也不曉得能做多久，您就捧捧場嘛！」、「我只是試試看啦，您不買沒關係，先考慮看看，要買再打電話給我！」

這位新人雖然做到外在謙虛、溫柔，卻沒有做到內在「必殺」的決心，就算等上個一年、兩年、三年……客戶也不會打電話給他的。

懂得兩儀的人是在聊天說笑中，把商品觀念一點一滴地注入準客戶心中，利用生活化、簡單化、單純化、口語化來談商品，客戶一旦接受你的人，又有商品的觀念，合約也就不難促成了！

留人第2招——為業務新秀建立信心

建立新秀信心是刻不容緩的事，信心雖然不是一夕間就能建立，至少要在很短的時間內讓新秀了解兩件事。

一、徹底了解從業理由——新人進入公司一定會害怕失敗，因此，在新人出征前，一定要給他們做好從業理由的心理準備，讓新人們徹底了解商品的意義，還有為什麼要從事這份事業……等。

二、客戶拒絕是必然的——以前的人在從事業務工作時，有許多因為人情而成交的例子，隨著國人主觀意識加強，Y世代、新新人類的出現，就算使用人情戰術，也不一定成功。

我看過一位新人興沖沖地出門，卻垂頭喪氣回來，原來，新人憑著她與客戶的交情，認定客戶的孩子一定會買她的商品，沒想到，客戶那二十多歲的孩子卻說：「我的同學也在同行，要買我就跟同學買，不然我就不買！」

新人們必須知道，「把商品的好處傳達給客戶」是從業人員的工作，至於客戶要不要買？那是他們的選擇，行銷業務人員千萬不要因為被客戶拒絕，就感到失望、灰心、受挫。

客戶不買，也不要因此放棄，因為只要你不比客戶先死，總有一天等到他！

留人第3招──兩句話輕鬆化解拒絕

很多新人會說：「我才不會強迫客戶買商品，我要讓客戶心甘情願地買！」事實真的是這樣子嗎？

從事業務行銷工作三十多年，我看過太多成功的業務人員，有「協助客戶選擇」的特質，以讓客戶更快速地下決定，有時，甚至會較「強勢」地請客戶簽約，唯此強勢的語氣必須外柔內剛，也就是兩儀。然而，對於剛進入業務一行不久的菜鳥來說，客戶的拒絕無非要他的命，更多的新人，因為受不了客戶的拒絕而出局。

為了讓新人在面對客戶拒絕時還能從容應對，我會傳授兩句話，新人光是用這兩句話，就能夠打遍天下的拒絕客戶群！

第一句話是：「哦？是這樣子的嗎？」

我曾經促成一張千萬元的規劃，記得談規劃之初，客戶告訴我，他已經

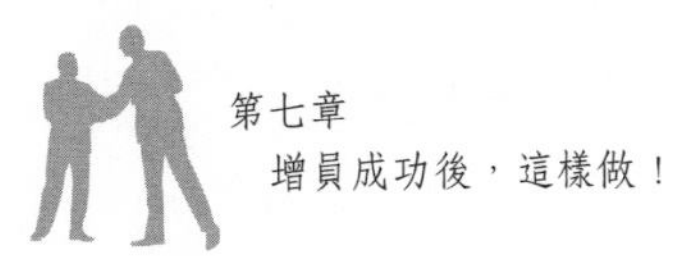

有很多商品，對同樣的商品不會有興趣。我一聽，這分明是非常直接的拒絕，此時多說無益，於是我就使用第一招，不論他再怎麼批評、再怎麼罵，我總是臉帶笑容的回答：「哦？是這樣子的嗎？」不和他正面辯論。經過多次見面後，他終於被我的態度和商品所感動，簽了合約！

另外，我還會教新人一招「啊！剛好」的話術。

新人剛上線，對於公司琳瑯滿目的商品不可能全盤了解，此時很容易造成「客戶一問，新人三不知」的情形，此時，新人千萬不要慌了陣腳，只需來一句「啊！剛好，我們公司有一套很好的商品，不過我今天忘了把簡介帶出來，明天我再來找你。」

有了第二次見面的機會後，新人隔天再請主管陪同，讓主管成為活字典，客戶有問、主管必答，如此一來，新人就不會不敢出門拜訪。久而久之，面對客戶的拒絕及其他問題，新人也能從容應對，輕輕鬆鬆地面對，不讓這些挫折打擊自信心！

留人第4招——陪同出擊，不能少

三十多年前，我和所有的新人一樣，坐在教室裡接受課程的訓練，聆聽台上的演講者說明商品的展望、好處、意義、功用及生涯規劃……等等。

我上完課之後，還未回到家就興沖沖地開始銷售商品。

拿起話筒，我撥出第一通電話，目標是我的同學，我告訴同學：「你有沒有買保險啊？我現在要做保險，你可以給我捧場。」

「你什麼都可以跟我講，就是不要跟我談保險，保險是沒保沒險，愈保愈險，我對保險沒有興趣……還有，我吃飯錢都不夠了，哪還有錢浪費？」同學狠狠地拒絕了我。

之後，我又打了第二通、第三通，沒想到，這些平日我認為交情不錯的親朋好友，聽到我找他們買保險，不是說沒興趣，就是說保險不吉利，不然就以時間既遠又長，自己用不到來拒絕我，沒有一個人要跟我買商品。

對於一個新人來說，一起步就被拒絕的情況，很容易使人信心全失，即刻「脫落」。當時的我也一樣，隔天沒有到保險公司報到，認為沒有人要跟我買保險，我已經陣亡了。沒想到，公司經理見我第二天就不來上班，馬上打電話問我：「Miss 莊，你怎麼沒有來？」

我是一個很愛面子的人，明明有試著去銷售保險，也不願意承認。我告訴經理：「我很忙，我沒有空，我有保險會幫你介紹，你不要叫我去做保險，我不適合、我沒有口才、我沒有人際關係、我不適合做保險……」

「你說你沒有口才，我只是問你怎麼沒有來，你就講了一大堆，講了三十分鐘還不止，怎麼會沒有口才，你口才很好嘛！」經理馬上回我一句。

「可是我不適合、我做不到，我的朋友都沒有興趣。」

「你都還沒有專業知識，都還沒有認識公司、認識產品、認識保險的好處在哪裡，你怎麼能夠做保險呢？你每天到公司參加早會，每天接受我們的訓練，每天不斷地一邊做、一邊學習、一邊訓練自己，一切都是訓練而來的，沒有人天生就是銷售人員。」

聽了經理的話，我覺得頗有道理，決定給自己一段時間訓練口才，就這樣，一做就是三十多年。原本自認為沒口才的我，也從帶人之中，發揮了激勵演說的天份，成為了國際級講師。

由於我自己曾經親身經歷第一次出擊就失敗的感覺，也了解第一步對新人的重要性，因此，我總要求自己，在陪同時絕對要讓新人的第一步就成功，免得新人灰心喪志。

有一次，我陪同一位新人去談第一個 case，出發之前，新人告訴我：「我同學的觀念很差，不一定會買！」

當我和他一起到他同學家後，我從面相學切入，再將話題導到這位新人為什麼要做業務，談得很投機，最後我說：「人活著就是怕老了、生病時成為別人的負擔，不想成為別人的負擔，唯有存一筆私房錢，沒有錢的話，子女就變得不孝順。而有財產的人子女不一定孝順，因為有錢人的財產會事先過戶，錢一分完就變得沒有主控權。」

「可是，我將來又不會留不動產給我子女。」客戶說。

「對呀，我也跟你一樣的想法，所以我只留現金給子女。」

「你不留不動產了，怎麼有那麼多現金？」

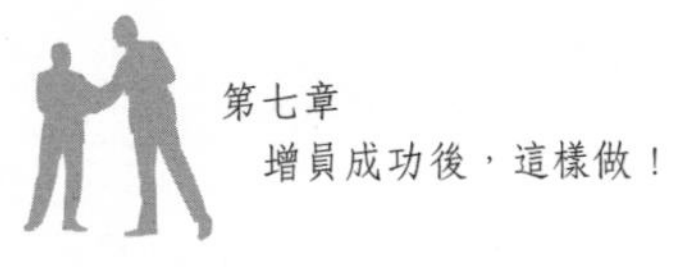

「我有五千八百萬的保險，誰對我孝順，我死了就把最後一筆的財產送給他。如果孩子都不要，我再登報找人，看誰願意照顧我，我就把錢留給他！」

我的客戶是一個活生生的實例，客戶三個小孩都在國外，她的丈夫病危時，三個小孩都藉口功課太重不回家，於是客戶告訴小孩：「你們的父親有一千萬的保險金，希望你們回來蓋章。」三個小孩聽到一千萬的保險，功課再忙都不管，連忙跑回來。

這位準客戶聽了我說的故事果然決定投保，讓新人信心滿滿。

無論你所處的是哪一種業務行業，我都建議要陪同新人談業務，一方面可以讓新人有安全感，一方面也可以即時協助新人，為新人解圍。

更重要的是，**新人將從你的應對中，快速學習，及早獨立。**

留人第5招——讓新秀了解業務的四大階段

新人從進入業務行業到成功，中間會經過四大階段，了解自己在哪個階段，心態上也會有所準備，不會因為一點挫折就說拜拜。

這四大階段分別是試劍期、帶劍期、掛劍期和封劍期。

一、試劍期

剛進來的新人首重心態，磨練功夫，案子談成算運氣好，案子不成就算是跟師父學功夫。但是有些新人不是如此，在試劍期間學得了一點功夫，就恨不得拿出來用，到處晃幾招，反而讓客戶一看就知道你是菜鳥。在試劍期間，要將心態建立好，可以自我療傷止痛，不斷地充實自己的能力與口才。

試劍期非常辛苦，很多新人在這一個期間就陣亡了，遇到不如意就問自己：「我為什麼要這麼辛苦？」、「我幹嘛沒事挨人家的白眼？」……切

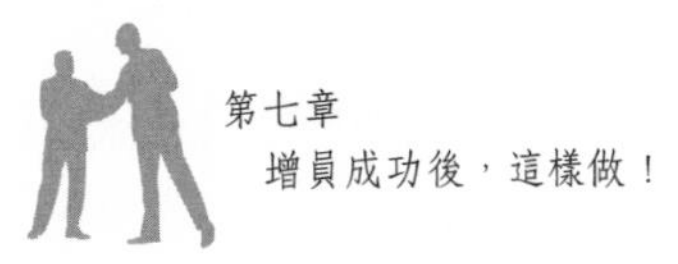

記，試劍期雖然辛苦，但只要聽話照做、服從主管，每天不斷開拓準客戶，不斷地走，不斷地開口、建立資料卡，一年之後，就能從試劍期進入帶劍期。

二、帶劍期

帶劍期指的是增員、招募新人。此時，新人已從徒弟升格為師父，不需要把劍拿在手中，而是將劍佩在身上。心中有一把無形劍，當徒弟有難時，就隨徒弟見客戶，在和客戶談話中，客戶看不到你所佩帶的劍，當你劍一出鞘時，客戶馬上被你 close 了！

帶劍期首重輔導新人，很多人到了帶劍期會感到特別累。

「與其輔導，不如自己做比較快？」

「對新人好，對方不一定領情？」

「辛辛苦苦培養新人，他又不一定感恩，當他功夫練成了，就忘記師父的提攜，以為成功都是他自己的。」

帶劍期所遇到的，不但有精神上的轟炸，還有人際上的疲勞，很多人常會感到鬱卒，進而放棄經營組織，又回到個人銷售上面。在帶劍期一定要先將「肚量有多大，才能帶多少人」這個道理奉為聖旨，將犧牲奉獻視為必然。

三、掛劍期

升上處經理之後就是掛劍期，此期偏重於經營、管理、企劃、教育、輔導，個人銷售的時間比較少，不像當業務員時那樣每日衝鋒陷陣，而是形象推銷。所謂形象推銷是，客戶已經肯定你在業界的地位聲望，買商品第一個想到的就是你，等於是做出了自己的品牌。

四、封劍期

錢賺夠了、地位也有了，封劍期的人不再以賺錢為興趣，就像一些慈善基金會的理念一般：「賺錢不要來找我，花錢的事再找我」一樣，封劍期主要是以慈善事業、回饋社會，以及培養接班人為主。

這四個階段最苦的是試劍期與帶劍期，突破這兩個階段後，要達到掛劍期、封劍期的目標，也就不難了。

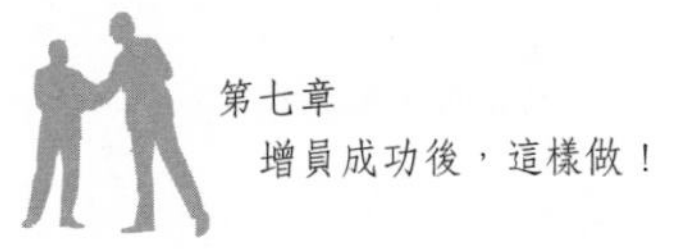

留人第6招——讓新人接受掌聲

我見過不少主管在帶新人時，都「嚴」陣以待，認為要對新人嚴格一點，少讚美一些，以免新人談成案子之後，就得意飛上天。

我倒認為，給新人愈多掌聲、讚美，愈能激發新人的自信心。尤其是許多家庭主婦，一輩子沒有聽過別人的讚美，沒有得過別人的掌聲，當她來到組織中，赫然發現有那麼多人為她鼓掌，會愛上了這樣的感覺，天天都來公司報到，爭取更好的成績。

讓新人接受掌聲，是輔導的一帖良方，接受掌聲的方式很多，有時請他上台，有時找他和主管們一起餐敘，有時甚至帶他單獨和高級主管見面、接受鼓勵……等。

T小姐是一位沒有業務個性的女性，剛來公司時，大家對她的看法是：「這個女生文靜又內向，一天都聽不到她講一句話，怎麼做業務？」

豈料五年後，大家終於發現T小姐是「悶騷型」的業務員，這話怎麼說呢？

每次早會，我總會安排一些同事上台做專題演講，有一天我突然想到，就算是害羞內向的業務人員，也應該給他們上台的機會，讓他們接受掌聲。於是，選了一次早會，我安排T小姐上台。

前面曾經提過，T小姐是一位話不多又內向的女性，為了不讓她得上台恐懼症，我並未安排她做專題演講，而是讓她上台表演唱歌。

出乎我意料之外，T小姐的嗓音非常好，當她唱得比歌星更好聽的歌聲受到大家讚美後，每次只要公司有大型聚會，我一定找她上台一展歌喉。從此，T小姐終於找回自信，並利用她的優點常到卡拉OK唱歌，藉此開拓準客戶。人家不敢唱，她就帶人家唱，台北大大小小的卡拉OK店，幾乎都成了她開拓商品的據點，就連店老闆也成為她的顧問。

T小姐拜卡拉OK所賜，短短幾年間，從一個快要陣亡的業務人員，變成了名列前茅的業務高手；從一個內向沒有自信的女性，變成一個活潑識大體的業務人員，整個人幾乎脫胎換骨，跌破專家眼鏡。

T小姐的成功，讓我體會一個道理，只要業務人員願意，任何人都可塑造；沒有業務個性不是問題，只要給新人機會接受掌聲，再怎麼沒業務個性的人，都可以飛上枝頭做鳳凰。

留人第7招──當新人灰心時，這樣做

輔導新人時，要隨時隨地在教育之中加入一些話題，讓新人在潛移默化中重拾信心，這些話題如下：

一、問新人「你在做什麼？」

一個新人剛被增進來時，心態上的調適非常重要。假如你發現新人的心態需要調整，你一定要告訴他三個水泥匠的故事。

有三個水泥匠在建教堂，人家問他們：「你們在做什麼？」

第一個回答：「我在蓋教堂，混口飯吃，賺個工錢，沒有什麼。」

第二個回答：「我在建一個很大的教堂，我覺得很不錯，至少這個教堂我曾經流血流汗過。」

第三個回答：「我在這裡建一個偉大的教堂，以後要在這裡造福大家，

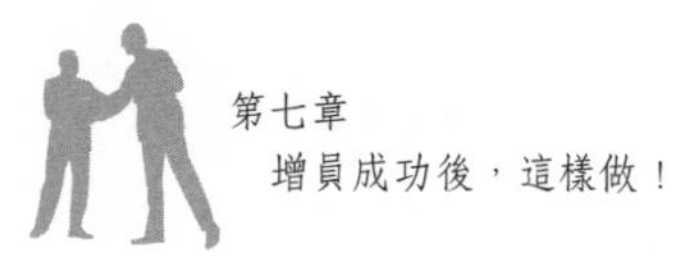

你看我多麼偉大。」

這三個水泥匠的心態，和業務員有些類似，如果你只是覺得你在上班，就會覺得只是混口飯吃，如果覺得在創業，就會覺得未來遠景很好，不同的答案，完全來自不同的心態。

二、替新人「建立目標」

當你發現新人總是跟客戶哈拉，卻遲遲無法簽下合約時，可以說下面這個故事來激勵新人：

從前，有一位北京大學的校花要結婚，她的結婚對象並不是過去那位身高一八〇、風度翩翩、幽默、功課又很好的男朋友，而是另有其人。

在結婚當天，這位昔日男友非常好奇，不知校花嫁給哪一號人物，當看到她嫁給一個又矮又瘦又駝背的男人時，他很不服氣地問校花：「為什麼會嫁給他？」校花回答：「你只有跟我談戀愛，都沒有開口跟我求婚，人家跟我求婚，所以我就嫁給他。」

這個故事就像業務員和客戶培養感情般，有的人培養一輩子就是不敢開口談商品，結果被別人談去了，才捶胸頓足地問客戶：「怎麼沒有跟我買？」客戶回答：「我怎麼知道你在賣這個商品，你都沒有開口，我想你大概不需要業績，但是另一位業務人員說沒有我會死掉，所以我就跟他買。」

主管要讓新人知道，業務工作並不是「只要戀愛不結婚」，一旦跟客戶培養感情就要簽約，沒有簽約就是只有戀愛，看不到結果。

三、自我充實

在業務領域想要成功，就要自我充實。當你覺得部屬需要自我充實時，不妨告訴對方下面這個故事：

一個村莊裏，有兩個工頭，一個是老人、一個是年輕人，他們兩人上山比砍木材，年輕的說我一定要贏，便拚命的工作都不休息。到了第一天晚上結束，算一算，他砍了十三棵，老的工頭砍了十四棵，他很不服氣。第二天，他提早一個鐘頭去工作，到了下午，砍了十四棵，那位老的工頭砍了十五棵。他一樣不服氣，不知道為什麼自己已經提早了一個鐘頭還輸，就決定了晚上不回去，一直砍，砍了十五棵，結果那個老工頭準時五點下班，竟然

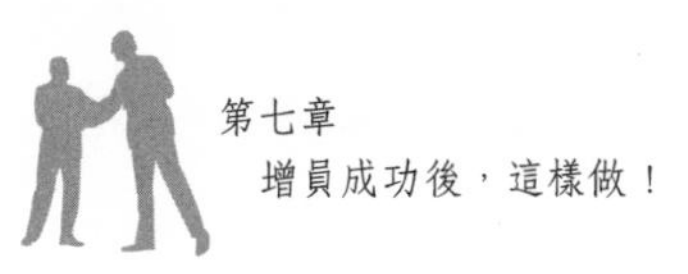

砍了十六棵。於是，年輕人告訴老闆：「我不做了，我那麼賣力，都沒有休息還砍輸他，大概我不適合做個砍木工人，我要回家換工作。」

老闆看了看他手中的斧頭說：「你的斧頭都沒有磨，鈍鈍的、怎麼砍？你回去磨利點，明天再來砍。」

年輕人聽了老闆的話，回家把斧頭磨利，隔天砍樹便砍得很順利。

這個故事告訴我們，從事業務工作要不斷充實自己，不斷訓練自己、不斷地開口、不斷地增加專業知識、不斷地廣結善緣。

如果你只是拚命在跑業績，都沒有充實自己，就像砍木材一樣，斧頭都鈍了還不自覺。

四、跨越障礙

當新人談業務遇到障礙時，不妨告訴他「小偷兒子」的故事：

有個小偷很厲害，從來沒有失手被抓過。

一天，他的兒子說：「爸爸，你要退休了，你應該把你的工夫傳授給我，以後我做小偷才不會被抓到。」

小偷聽了，覺得兒子的話很有道理，趁著晚上帶兒子到一個員外的家，把兒子鎖在櫃子裡，要兒子自己想辦法出來。

被鎖在櫃子裏的兒子害怕隔天被員外發現，抓去送官，一輩子就完了，於是在櫃子裡學老鼠叫，員外的女佣把櫥櫃打開時，小偷的兒子趁機跑了出來。員外家的工人見狀，一直追著他跑，當他跑到河邊時，撿起一顆石頭往右邊的河裡丟，然後往左邊跑，工人們以為小偷掉到河裡，一直在河中找，找不到只好放棄。

這個小偷回到家裡，看到爸爸在吃花生、喝老米酒，很生氣地說：「爸爸，你很可惡，我叫你教我工夫，結果你把我鎖在那裡，是不是要我送死？」

「你今天可以從那邊脫逃出來，以後你當小偷已經萬無一失了。」小偷爸爸老神在在地回答。

這個故事告訴我們，只要能夠面對問題，再大的困難都有辦法能逃離出來，從事業務工作也一樣，只要能夠面對問題，找出解決的方法，將來就是萬能高手。

尾聲

有甲、乙兩個和尚，來自於不同的寺廟，由於每天都到同一條溪挑水，兩人也因此結識。

五年後的某一天，甲和尚發現乙和尚不像平常一樣出現，他心想，乙和尚大概有什麼事在忙，但過了一天又一天，乙和尚仍然沒有出現，讓甲和尚十分擔心，以為他生病了，決定去找乙和尚。

到了乙和尚的寺廟後，甲和尚發現乙和尚不但好好的，還悠閒的在庭院種樹，於是，他問乙和尚：「這幾天，你都沒有來挑水，寺廟的水夠用嗎？」

「夠、夠，當然夠。」乙和尚笑著帶甲和尚到一個地方，指著地上的一口井說：「你看，這五年來，我每天挑完水後，就找時間挖井，現在井挖好了，我不但天天有水可以喝，將來還打算將水道疏通到農田。」

聽了乙和尚的話，甲和尚不禁感嘆自己如果也像乙和尚一樣，每天願意多花一些時間挖井，往後就不必每天都要去挑水了。

從事業務工作，可單打獨鬥，也可以增員成立組織，前者就像甲和尚一樣，必須每天挑水，後者就像乙和尚一樣，剛開始時雖然忙一點，必須挑水又挖井，一旦井挖好後，就有源源不絕的水了。

聰明的你，現在已經開始挖井了嗎？

祝福你增員成功，組織年年擴大，不但挖井還開拓更多的渠道，長長久久！

學習與心得

國家圖書館出版品預行編目資料

好業務，是獵出來的——從人脈變錢脈的 50 個心法
/ 莊秀鳳著. -- 初版. -- 新北市：智富, 2011. 06
面； 公分. --（風向 ； 37）

ISBN 978-986-6151-10-1（平裝）

1. 保險業 2. 職場成功法

563.7 100007440

風向 37

好業務，是獵出來的——從人脈變錢脈的 50 個心法

作　　者／莊秀鳳
文字整理／廖翊君文字團隊
責任編輯／簡玉珊
出 版 者／智富出版有限公司
負 責 人／簡玉珊
地　　址／（231）新北市新店區民生路 19 號 5 樓
電　　話／（02）2218-3277
傳　　真／（02）2218-3239（訂書專線）、（02）2218-7539
劃撥帳號／19911841
戶　　名／世茂出版有限公司　單次郵購總金額未滿 500 元（含），請加 50 元掛號費
酷 書 網／www.coolbooks.com.tw
排版製版／辰皓國際出版製作有限公司
印　　刷／世和印製企業有限公司
初版一刷／2011 年 6 月
七刷／2020 年 6 月

ISBN／978-986-6151-10-1
定　　價／250 元